地域デザイン思考

地域と向き合う82のテーマ

地域デザイン科学シリーズ 1

北樹出版

巻　頭　言

　"地域デザイン科学"は何をめざすのか？　本書で扱う根源的問いである。全国に先駆け、"地域"を対象とした文理融合の教育研究を行う宇都宮大学地域デザイン科学部に所属する教員それぞれが、学部開設の拠り所とした新たな概念に自らの専門から取り組み、その成果をまとめている。すなわち、出版企画は、開設時に検討した教育研究について、今一度整理し見つめ直す作業なのである。

　さて、本学部は、「地域の持続的な発展に関する教育・研究・地域貢献を推進することによって、豊かな生活の実現に貢献する」ことを理念に、2016年4月開設された。急速に進む少子高齢化、自然環境の大きな変化と自然災害の大規模化などを背景に、私たちの身近な"地域"にある多くの新しい課題に対して、課題発見・分析から解決策の提案まで、分野を超え、また多様な主体の協働による"まちづくり"を進めるための教育・研究・社会貢献に取り組んでいる。

　そのなかでも重視しているのは、"地域の課題解決へ向けた総合力養成"と"地域との密接な連携"である。特に、3学科混成グループが実際に地域で活動し課題解決にあたる、学部必修科目「地域プロジェクト演習」は、両者を具現化する本学部の目玉授業である。3年次生対象の同授業をやり遂げ、学部教育に完成の目処が立ったこのタイミングで、学部内で検討を進めた結果、"地域デザイン科学"をコンセプトとする「地域デザイン思考」の出版に至った。編集委員会の構想の下、学部設立に大きくかかわった石田現学長と学部若手教員の懇談会はじめ、"地域デザイン科学"にかかわる主題を、さまざまな観点から取り上げた意欲的な著作になったと考えている。

　今大学は、実績の検証と、それに基づく自己改革が強く求められている。私どもも、学部の教育研究について、活動の検証とそれを踏まえた改善を重ねていかなければならない。本書の出版は、その契機になると考えている。今後寄せられる意見をも反映させるかたちで、著作の出版を継続していきたい。学内外の、特に地域の方々からの御意見、御勉励をいただければ幸いである。

宇都宮大学地域デザイン科学部長

塚本　純

目 次

PART Ⅲ　座談会　「地域デザイン」を思考する

地域デザイン科学とは何か

近年、人口問題や大規模な自然災害が地域の姿を大きく変えている。人口減少に伴い、地域の産業やコミュニティ、都市施設や社会インフラが縮小されつつある。地震や台風、洪水などの自然災害が頻発し、さらには世界的な環境・気候変動も生じている。これらにより、これまで築いてきた地域の暮らしや文化、それを取り巻く豊かな自然の持続可能性が脅かされている。

こうした地域では、自然、文化、経済、建築、インフラに関するさまざまな問題が複雑に絡み合っており、これまで地域をつくってきた既存の専門知だけでは解決できない問題が生じている。また、問題解決に向けては、住民、行政、民間企業、NPO などの異なるセクターの協働や共創が必要となる。さらには、地方と都市、二地域居住など地域を捉える新たな視点も生まれている。

このように、現代社会は、地域との新たな向き合い方を求めているのである。「地域デザイン科学」は、こうした地域の状況において、新たな問題解決の枠組みを研究・実践を通してつくり出していくために構想されたのである。本パートでは、現段階で整理されている地域デザイン科学を捉える枠組みや視点を以下に紹介していく。

1　地域とは何か

「地域デザイン科学」を理解するために、まず「地域」とは何かについて考えてみる。ここでは「地域」を、"対象とする問題に応じて任意に設定される、他から区別される地表の上の空間的なまとまり"と捉えておこう。つまり、「地域」は可変的なものであり、市区町村のような行政区域や、小学校の学校区、自治会の活動範囲といった私たちの暮らしのなかにすでに規定されている固定的な範域を示すものでは必ずしもない。ましてや都市圏に対するいわゆる「地方」を意味するものでもない。「地域」は地表の上の自然現象と人文・社会現象の歴史の上に存在し、その様相は常に変化し続けている。自然災害や環境破壊、人口減少や貧困など、現代はこれまでにない複雑な問題を抱えている。「地域」にかかわる私たちに求められているのは、そこにある文化や歴史、自然、建築、インフラ、暮らしなどへの理解を深め、持続可能な地域に向けて、問題の最適解を導くために、地表の上に広がる空間的なまとまりを改めて捉え直すことではないだろ

うか。言い換えれば、「地域」は必ずしもあらかじめ規定されているものではなく、事象を理解しようとする際や問題解決を図ろうとする際に浮かびあがるものなのである。

　例えば、織物や陶磁器などの伝統工芸を中心とした、地場の産業に依拠した生活を営む人たちの住む地域が、複数の市区町村にまたがって存在している場合もあれば、鉄道駅を中心として交通や買い物などの利便性を重視しながら生活を営む人たちの住む地域が、駅を挟んで異なる市区町村に属している場合もある。こうした場所での問題を理解、解決しようとするならば、個々の自治体や住民組織がすでにもつ範域ではなく、伝統工芸や鉄道駅を中心に育まれてきた、あるいは育んでいく経済や文化をベースとした空間的なまとまりを、地域として理解する必要がある。

　さらに、日本国内のある生活空間や行政域を捉え直すといった視点だけでなく、東アジアや環太平洋のように国を超えて交易を展開させたり、災害時の国を超えた援助のしくみを構築しようとすれば、それを空間的なまとまり、つまり地域として捉える必要がある。いずれも、事象に応じて設定される「地域」は、私たちに新しい研究・実践のアプローチを求めるだろう。

2　地域デザイン科学とは何か

　次に、「地域デザイン」とは何かについて考えてみたい。まず「デザイン」の意味を確認しよう。

　「デザイン：design」は、ラテン語の動詞「表示する・指示する：designare」に由来する。日本語では、図案や意匠、設計などと訳され、造形的な考案に重きを置いた言葉として捉えられがちであるが、本来はもっと幅広い意味をもつものである。以前からよく聞かれたものに建築デザイン、ランドスケープデザインなどがある。こうしたものに加え、最近ではソーシャルデザインやキャリアデザインという言葉も聞くようになった。これらに共通しているのは、形態や図案を考案するというよりは、その本質は、建築、ランドスケープ、社会、キャリアなど対象とするそれぞれの環境のなかで、新しい現実を描き実現しようとする、あるいは問題を解決しようとする行為であると捉えることができる。

　地域デザインに学術的な体系を与えようとする「地域デザイン科学」について考えてみよう。それにはまず、デザインの対象となる環境、つまり地域がどのよ

うな要素で構成されているのかを把握しなければならない。それは、そこに住む人々やその人々が織りなす暮らし、そして人々が住まう住居やそれを支えるインフラストラクチャー、豊かな自然環境やそこで採れる産物などの広範にわたる多様な要素が複雑に関係し合って構成されている。地域デザインとは、こうした地域を構成する具体的な要素を対象とし、それと向き合うことから始まる。その方法は、例えば地域の建築をつくる素材を取り上げ、それ自体の環境性能や耐震性能を向上させるといった、ひとつの要素を磨き上げるものから、素材の産地や消費地の新しい流通ネットワークを構築するといった、複数の要素を関係付けるものまで多岐にわたる。

　地域デザインは、地域を構成する要素を把握することから始まるが、これらを個々にデザインしているだけでは地域デザイン科学という学術的な体系は構築されないだろう。そこには、対象とする地域において、フィールドワークや実践を通して経験的に共有される普遍的な枠組みや法則を見出す態度が必要となる。加えて、地域は多様な要素が関係し合って構成されているため、発見・蓄積されたさまざまな分野の専門知を、対象とした地域において解決策を見出すために総合化する態度も求められる。そして、これらの態度を支えるための対話の技術を磨いていくことが必要になるだろう。多様な要素が複雑に絡んだ問題を解決する新しいアプローチを図ろうとするならば、これまでにない対話の場をつくっていく必要がある。

　新しい学問分野として展開しつつある「地域デザイン科学」を捉えるため、現時点での枠組みを図1に示した。地域を構成する要素を地域資源と呼べば、先に述べたように、地域デザインとは、具体的な地域資源（図1下段）の存在を前提とし、それらの資源一つひとつを再評価し、魅力を高めていくように磨く観点や、これまで結び付くことのなかった地域資源を関係付け組み合わせる観点が重要となる。このとき、地域資源はそのものだけで存在するのでなく、他のさまざまな地域資源との関係の網の目のなかに存在していることから、地域デザインを実践する際には、必然的に分野横断的な知見が求められる。

　例えば、地域の交通デザインをする際には、交通計画の知見はもちろんのこと、地域コミュニティの現状や駅舎建築の設計方法などの知見を持ち合わせていなければならない。つまり、地域デザイン科学という学問は、例えばコミュニティデザイン、建築都市デザイン、社会基盤デザインのように、総合的かつ実学

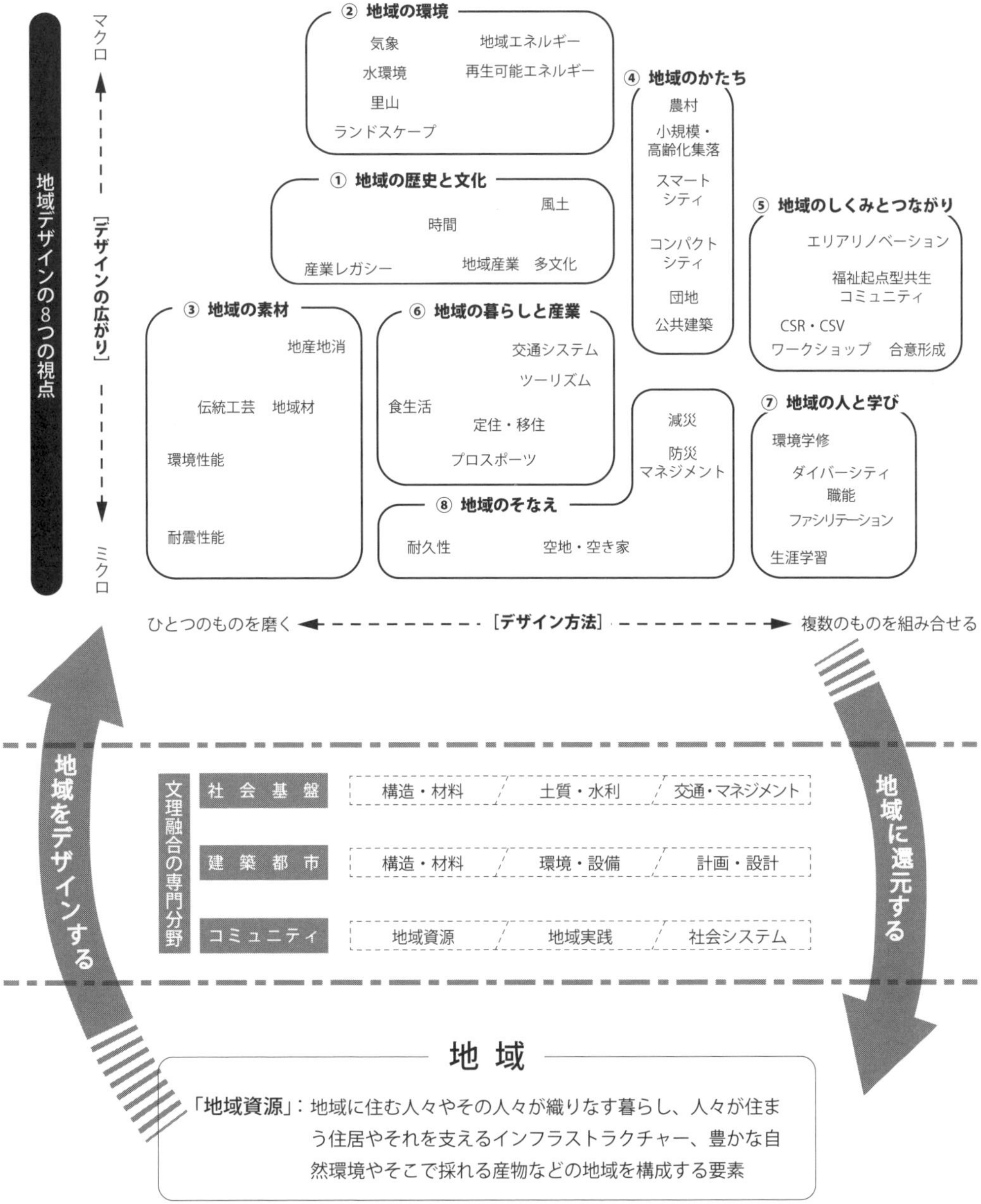

② **地域の環境**
気象　　　　地域エネルギー
水環境　　　再生可能エネルギー
里山
ランドスケープ

④ **地域のかたち**
農村
小規模・
高齢化集落
スマート
シティ
コンパクト
シティ
団地
公共建築

① **地域の歴史と文化**
　　　　　　　　　　風土
時間
産業レガシー　　地域産業　多文化

⑤ **地域のしくみとつながり**
エリアリノベーション
福祉起点型共生
コミュニティ
CSR・CSV
ワークショップ　合意形成

③ **地域の素材**
地産地消
伝統工芸　地域材
環境性能
耐震性能

⑥ **地域の暮らしと産業**
交通システム
ツーリズム
食生活
定住・移住
プロスポーツ

減災
防災
マネジメント

⑦ **地域の人と学び**
環境学修
ダイバーシティ
職能
ファシリテーション
生涯学習

⑧ **地域のそなえ**
耐久性　　　空地・空き家

マクロ　↑　［デザインの広がり］　↓　ミクロ

地域デザインの８つの視点

ひとつのものを磨く ◀ ─ ─ ─ ─ **［デザイン方法］** ─ ─ ─ ─ ▶ 複数のものを組み合せる

地域をデザインする

地域に還元する

文理融合の専門分野

社 会 基 盤	構造・材料	土質・水利	交通・マネジメント
建 築 都 市	構造・材料	環境・設備	計画・設計
コミュニティ	地域資源	地域実践	社会システム

地域

「地域資源」：地域に住む人々やその人々が織りなす暮らし、人々が住まう住居やそれを支えるインフラストラクチャー、豊かな自然環境やそこで採れる産物などの地域を構成する要素

図1　地域デザインの枠組み

的な学問体系を包含することが求められる（図1中段）。

　本書では、地域デザインの実践を理解しやすくするために、どのような地域資源を選択し、それをどのような視点から捉え直しデザインする必要があるかについて、8つの視点に整理した（図1上段）。さらに、それらをデザインする対象の広がりを、私たちの身の回りのミクロなものから、都市や農村、気象や水環境などのマクロなものに位置付ける軸（図1上段の縦軸）と、ひとつの地域資源を磨く行為から複数の地域資源を組み合わせる行為として位置付ける軸（図1上段の横軸）として整理した。例えば、ミクロな広がりのなかでひとつの地域資源を磨いていく行為は左下に位置付けられ、複数の地域資源をマクロな広がりのなかで組み合わせていく編集ともいえる行為は右上に位置付けられている。

3　地域デザイン8つの視点

　本節では、具体的に地域デザインの8つの視点をひとつずつみていきながら、地域デザインについてより詳細に説明していく。

（1）地域の歴史と文化

　第1章として歴史と文化から話を始めるのは、その上にかたちづくられた地域の現在を読み解き、捉え直す行為にこそ地域デザインの原点があると考えるからである。

　地域の文化は、地域のもつ固有の環境のなかで、暮らしを営む人々の織りなす社会組織における慣習や振る舞いの体系である。その地域で生活するために、対応したり働きかけたりすることを通して得た都市環境や自然環境との相互の認識のあり様が、地域の文化を特徴付ける要素となっている。また、地域の文化は、地域に閉じられた環境のなかだけで形成されるものでなく、外部とのさまざまな交流によっても影響を受けている。そうした文化的行為の積み重ねと変化の時間的蓄積が、地域の歴史になり、地域の現在をかたちづくっている。地域をデザインすることやまちをつくることは、文化と歴史の上にかたちづくられた現在の地域を編集、改変する文化的な行為である。

　地域内の環境や外部（それもまた環境）との相互作用の積み重ねが歴史や文化であるとすると、相互作用のなかで地域の環境にどのような循環や編集が起こっているかという視点が問われる。

（2）地域の環境

　第2章では、水、植生、気象など多様な要素の連環によって形成される地域の環境に対するマクロの視点から、それらを理解したり生かして、適切に維持し、もしくは修復・改善するための、新しい組み合わせあるいは編集のあり方に着目する。環境は地域を取り巻くと同時に、資源としても地域をかたちづくる。それは、持続可能性のためだけではなく、地域が磨かれるためにも必要なことである。そこには、諸事象のネットワークや循環のあり様に注目する視点が重要である。

　地域の環境は地域ごとに多様である。循環やネットワークとして環境を捉えるとき、その構成要素である地域の素材に目を向けることが必要となる。

（3）地域の素材

　第3章では、地域のハード面をミクロの視点から学ぶ。ここではまず、地域でとれ、あるいは運ばれて加工された、地域をかたちづくる素材について、そのものの性能や品質、社会的価値をいかに磨いて向上させるかを考えなければならない。

　その上で、その素材が生産、流通されていくときに、関連する地域資源にどのような影響を与えるかを考えなければならない。特に、素材がグローバルに生産、流通する社会システムが構築される一方で、ローカルな素材の生産、流通も注目されている現代社会において、地域の素材が形成する地域資源の循環やネットワークをどのように考えるかは、地域デザインをする上で重要な視点のひとつである。

　そして、地域における素材は、独立した要素ではなく、循環や相互作用のネットワークを構成するものであり、システムのなかで考えなければならない。

（4）地域のかたち

　第4章では、地域を見るマクロな視点として、そこにある人々の住む場所や、暮らしていくために必要な教育制度や政治などがどのように体系的に結び付けられて地域のかたちとなっているかに着目している。

　都市や農村におけるこれまでの変化や課題などを読み解き、捉え直すとともに、従来の地理的制約などから生じる地域のかたちから新たな地域のかたちであるコンパクトシティやスマートシティなどを考えなければならない。加えて、地域のなかにある個々の公共施設や団地、そこで人々が暮らすために必要な教育制

度や政治などの要素も重要である。

　こうした地域のかたちを考察するにあたり、そこに暮らす人々のつながりがどのようなしくみとつながりになっているか、把握することが求められる。

（5）地域のしくみとつながり

　第5章では、地域において参加する人々の相互行為を評価したり、効果的なものにする視点を重要視している。その上で、ミクロとマクロを往還するしくみとつながりのあり様を、社会の変化に応じてつくり変えていく視点を学ぶ。

　しくみとは、物事の状態や結果を生み出す背景にある構造のことである。つながりとは、人と人の関係を示すものである。しくみもつながりも私たちの行動を規定すると同時に、その行動の結果としてつくられるものである。地域のしくみとつながりを理解するために、まず人と人の関係性を問い直す視点、次に、人や組織が力を生かし合ったり地域資源を活用する新たなしくみ、そして、これからの地域社会のあり方を捉え直すことが重要となる。

　地域のしくみとつながりを社会の変化に応じてつくり変えていかなくてはならないのは、既存のしくみやつながりが十分に機能しなくなるような大きな変化が、暮らしや産業に生じているからであり、それらの変化についてもより深く理解する必要がある。

（6）地域の暮らしと産業

　ミクロの要素である素材と技術が組み合わさってマクロなシステムである産業がかたちづくられ、それが暮らしを支えてきた。仕事によってモノやサービスが産み出され、それらを消費する営みを含めてひとの暮らしが形成され、その暮らしが集まり組み合わさってまちが形成される。暮らしと産業のあり様を基盤として、地域を捉える視点が重要である。

　広域流通が発達する近代以前は、その地域の産業が生み出す産物によって、そこに住む人々の暮らしはかたちづくられてきた。高度経済成長以降、急速に産業構造が変化し、広域流通の進展もあって生活スタイルは大きく変わってきた。経済変動の影響が、地域での暮らしを直撃するようになり、「地方創生」が叫ばれるようになった。地域を担う人材育成が求められ、そのための学びのあり様が問われている。

（7）地域の人と学び

　地域の特性に応じた人の理解やかかわり方、そして学びの場をデザインする力が必要である。第7章では、人々の相互行為といういわばミクロな視点から、この問題に接近する。

　地域デザインは、そこに参加する人々の相互行為により生み出されるものである。こうした前提に立つならば、私たちは参加する一人ひとりを理解し、それぞれが支え合い、生かし合うことのできる環境をつくっていかなくてはならない。そのためには、人の成長や当事者を中心に社会・空間を捉える視点、人々の相互の関係性を捉える手法、そして、地域のなかで学びと成長の実践や技術を活かすことが重要となる。

　こうした能力が必要な背景には、社会の複雑化や自然環境の変動によって不確実性が増大していることへのそなえが必要とされていることがある。

（8）地域のそなえ

　地域にとって何より大切なことは、人々が持続的に生活していくことである。そのために、第8章では、複雑化し不確実性が増大する地域のなかでどう備えるかを考える。そなえには、日常的なそなえと非日常に対するそなえがある。日常のそなえでは、日々の生活を安心して過ごせるように福祉や心身の健康などがある。そして、それでも避けられない非日常のそなえとして災害に対するそなえがある。非日常のそなえは、減災や防災といった知識や経験から、河川や土壌、建築物などハード面のそなえのための知識と同時に、避難誘導などソフト面でのそなえとして防災マネジメントなど、異なるアプローチを組み合わせることが重要である。

　このようにして、備えるという観点から持続可能で住み続けられる地域を構想し、つくっていかなければならない。

4　持続可能な地域をめざして

　地域デザインは、地域をこれまでの固定的なものではなく、描く理想や扱う問題によって設定しつつ、地域資源を深く理解し、その一つひとつを磨いたり、複数のものを組み合わせたりする行為である。このことは、これまでに形成されていた地域に人間が新たに手を加えていくことにほかならない。では、持続可能な

地域デザインの担い手である私たちが重視すべきこととはどのようなことだろうか。

　少なくとも次のような行為を避ける必要がある。ある開発が他の地域の衰退を招いたり、自然環境を破壊したりする、つまり一部の立場の利益により、他に負担を強いることである。あるいは単眼的な評価や問題解決アプローチが他の問題を生み出すようでは、持続可能な地域デザインというには不十分であろう。一つひとつの知識、経験、ビジョンを大切にしつつも、「ミクロとマクロ」、そして、「ひとつのものを磨くことと複数のものを組み合わせること」をよく観察し、それぞれを往還する視点をもつということだろう。こうした視点をもつ研究や実践が生み出されていく必要があり、これらの経験が地域へ還元され、新たな環境がつくられるという循環が構築されることで、地域の持続可能性は高まっていく。

　そしてこうした研究や実践は、自らの内に閉じない、他者との関わりを通して生まれるのではないだろうか。本書PART Ⅱの「1-1 & 1-2　栃木県まちづくり小史」「7-9　地域に根ざした学びの意義と実践」などでふれられている協働や、分野を超えて想像・創造する力を養うことがそのひとつだろう。異なる専門性、行政・企業・地域住民などの異なるセクター、大学（学生・教員）と地域などの学び合う関係づくりである。これまでの分野や立場、そして慣行を超えていかなくてはならない。

　こうした試みのひとつとして、宇都宮大学を始め全国のまちづくり系学部が、地域をフィールドとした課題解決型授業に取り組んでいる。この試みは、学生の学びの機会であることはもちろん、地域住民や行政においても、地域資源の再発見や、活用において新たな視点を得たり、その過程でこれまでにはなかった住民同士や、企業と行政における新しい関係を生み出すことがある。新しい関係は、新しい成果を生むことがある。

　地域デザイン科学の試みは始まったばかりである。現段階における地域デザイン8つの視点の特徴は整理してきた通りであるが、まだ探索途上である。地域デザイン科学は、大学内の専門性の融合のみならず、地域住民、行政、民間企業、NPOとともに、それぞれのフィールドで研究や実践を積み重ね、地域に学び地域に返していくのである。

編 集 委 員 会

PART II

地域デザイン思考　8つの視点

History a

（大谷資料館　http://www.oya909.co.jp/gallery/）

地域の歴史と文化

d Culture

　地域を理解し語る上で、文化と歴史は不可欠の要素である。

　地域の文化は、地域に固有の環境のなかでの暮らしを営む人々の織りなす社会組織における、慣習や振る舞いの体系である。その地域で生活するために、対応したり働きかけたりすることを通じて得た自然環境との相互的な認識のあり様が風土であり、生活のために積極的に環境に働きかけて築かれたのが産業や都市であり、地域の文化を特徴付ける要素となっている。また、地域の文化は、地域に閉じられた環境のなかだけで形成されるものでなく、外部とのさまざまな交流によっても影響を受けている。異なる文化的背景をもつ民族が共生したり、雑誌などのメディアでさまざまな文化が発信されたりする現代の状況のなかでは、多様な文化が相互的に影響し合いながら、地域の文化が形成されていく。

　そうした文化的行為の積み重ねと変化の時間的蓄積が、地域の歴史になり、地域の現在をかたちづくっている。地域をデザインすることやまちをつくることは、文化と歴史の上にかたちづくられた現在を編集、改変する文化的な行為である。

栃木県まちづくり小史
1970年代以降を中心に・その1

keywords　高度経済成長　工業団地　コミュニティ活動

1　はじめに

　栃木県の県域は、江戸時代初期に日光東照宮が開かれて以来、歴代将軍が宇都宮城に宿泊し東照宮に参拝するなど、江戸幕府との関わりが強かった。明治期以降は、新政府による那須野が原開拓をはじめとして、県令三島通庸による宇都宮都市計画など、地域づくりは国主導、行政主導という性格を強く帯びている。第二次世界大戦後も、東北自動車道や東北新幹線などの国土幹線が整備され、首都東京と直結した地理的条件を生かした、国・県主導の地域開発は継続された。

　まちづくりという極めて多義的であいまいな言葉を、小論では「地域社会に存在する資源を基礎として、多様な主体が連携・協力して、身近な居住環境を漸進的に改善し、まちの活力と魅力を高め、『生活の質の向上』を実現するための一連の持続的な活動である」（日本建築学会編 2004：3）という意味で用いる。したがって、国主導、行政主導による地域開発はまちづくりとは呼び難く、小論では民間活動が活発化する1970年代の高度経済成長期からを扱う。

2　高度経済成長期の地域開発

　この時期、栃木県の地域開発は、首都圏との近接性、交通利便性に依拠した

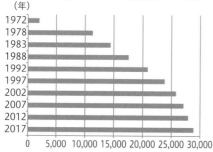

図1　栃木県における工場・倉庫・市場の床面積（千㎡）
　　　（出典）各年度固定資産税評価台帳

「内陸型工業団地」で特徴づけられる。栃木県統計から引くと、県内の工場・倉庫・市場（農家の施設などを含む）の床面積の推移は図1のようになる。1972（昭和47）年に、県内総計で棟数は3万棟弱、200万㎡弱であったが、45年後の2017（平成29）年にはそ

れぞれ 2.4 倍、14.7 倍と著しい増加がみられた。この間、県人口は 1,698 千人（1975 年・国勢調査）から 1,974 千人（2015 年・同）と約 30 万人の増加を示す（なおピークは 2005 年の 202 万人）。1970 年代から 2000 年代にかけて、全県的に工場、事業所などの進出が進み、人口増加がもたらされたのである。これら地域開発および人口増は、首都圏と密接につながる地理的特性にもとづくもので、栃木県におけるまちづくりの大きな規定要因ともなっている。

3　コミュニティ活動によるまちづくり

　工業団地造成などにより新たに立地した事業所等で働く人々の多くは全国から来住した。その受け皿が新たな住宅地であり、それは既存の都市の拡大を招き、新たなコミュニティを生み出した。自治会が組織され、祭りや行事などが興され、住民相互の親睦と生活上の課題解決のコミュニティ活動が展開したのである。1980 年代は、国（自治省）主導のモデルコミュニティ事業が全国展開されるなか、県内でも多くのコミュニティ団体が生まれ、活発な活動が行われた。1985 年には栃木県コミュニティ協会が設立されている。

　まちづくりとしてのコミュニティ活動の事例として、例えば、壬生町睦地区コミュニティ推進協議会、宇都宮市清原地区振興協議会（清振協）などを挙げることができる。睦地区コミュニティは、1960 年代に東京都墨田区に立地していた玩具メーカー群が、既成市街地における工業等の制限などにより事業拡大が困難となり、移転して形成された工業団地（おもちゃのまち）に付随する新規住宅地から生まれた。清振協は、1971 年から開発が始まった清原工業団地が、その後、1984 年に宇都宮テクノポリス新都市開発構想の重点地区指定を受けたのを機に設立された。2012 年には「清原地域ビジョン」を策定し、計画的なまちづくりに取り組んでいる。2019 年 10 月現在、栃木県コミュニティ協会にはコミュニティ 89 団体（連合組織を含む）が加入する。

　他方、小山市では 2005 年制定の「小山市地区まちづくり条例」にもとづき、住民自らが地域の将来像を行政と連携して描く、自治会を基盤とするまちづくり推進団体が数多く設立されるなど、条例にもとづくまちづくり活動がみられる。

（三橋　伸夫）

引用・参考文献

日本建築学会編 2004『まちづくりの方法（まちづくり教科書・第 1 巻）』丸善

栃木県まちづくり小史

1970年代以降を中心に その2

⚲ keywords　アイデンティティ　地域資源　ボランティア　NPO　CSR

1　地域アイデンティティのまちづくり

　1980年代は、全国的に新幹線、自動車専用道路など高速国土交通網が整備され、都市再開発事業などと相まって全国の都市・地域が急速に均質化の方向を辿った時期であった。その反動として、都市・地域の固有性（アイデンティティ）への自覚が強まり、また、景観に対する関心も高まりをみせ、まちづくりに活かす取り組みが活発化した。県内では、栃木市「蔵のまちづくり」が典型である。市内に多く点在する蔵の保全・再生を促す行政支援の仕組みがつくられ、市内大通りでは商店街のアーケードが撤去され歩道が整備されるなど、行政と民間が連携して進める都市環境のハード整備が行われた。加えて、従来からあった勇壮な山車巡行の祭りに代表される多くの行事・イベントが、商店・住民らで組織されるまちづくり団体により行われるなど、活発な活動を継続してきた。

　栃木市に限らず県内では、歴史文化資源、自然資源などに地域の固有性を求める行政と民間の連携によるまちづくりが展開したのである（表1）。景観保全、自然保護、歴史文化振興など多角的な方向性をもつまちづくりが百花繚乱の様相を呈し現在に至っている。これらは、近年では少子高齢化、人口減少に対抗する新たな行政主導の取り組み（地方創生）の一翼を担うようになっている。

表1　地域資源等を活かしたまちづくりのテーマ

市町	地域資源歴史文化資源等	備考
宇都宮市	大谷石	日本遺産
足利市	足利学校鑁阿寺等	日本遺産
栃木市	蔵、小江戸	-
佐野市	クリケット（スポーツ）	-
小山市	渡良瀬遊水地	ラムサール条約登録地
日光市	日光の社寺	世界遺産
鹿沼市	今宮神社祭の屋台行事	ユネスコ無形文化遺産
那須塩原市	那須野が原開拓	日本遺産
下野市	国分寺跡、国分尼寺跡等	国指定史跡
那須烏山市	烏山の山あげ行事	ユネスコ無形文化遺産

2　ボランティア・ＮＰＯ活動、CSR活動のまちづくり

　1995年の阪神淡路大震災で数多く

のボランティアが被災地支援に駆けつけたことを受け、1998年に特定非営利活動促進法（NPO法）が施行された。これを機に県内でも多くのNPO法人が生まれ、福祉、環境、教育・子育て、文化・芸術、国際交流などさまざまな分野で活動が展開されるようになった。同時に、県や市町など行政とこれら民間団体との協働*1による事業を通じてまちづくりが行われるようになっている。また、県内企業の多くで社会貢献をはじめとするCSR活動*2が盛んとなり、ボランティア・NPO活動と相まって社会的課題の解決を通してまちづくりに大きく貢献している。

　例えば、有効活用されない平地林の管理活動と環境学習、レクリエーション活動を融合させて活用を図る取り組み、子どもの貧困や地域交流の促進に対処する子ども食堂、高齢者の居場所づくりや空き家改修、さらには、身体障がい者や精神障がい者などの生活支援、就労支援の取り組みなど、行政、企業などの支援を絡めた多岐にわたる活動が展開されている。

　地域における住民のニーズが多様化し、専門的な対応を要する問題、課題など、企業の営利活動による解決、行政の公的支援による解決ではカバーできない領域も多くなっている。まちづくり活動において今後多様な主体による協働にもとづく解決、あるいは新たな社会的価値の創造*3が求められる場面が増えている。NPOやボランティア、企業などのまちづくりへの参画がよりいっそう求められる。

3　おわりに（課題と展望）

　栃木県は既に人口減少の局面に入った。高度経済成長期以後、農業県から工業県へと転換を果たし、全国から多くの人々を迎え入れて豊かになった栃木県。その豊かさと活力を源として持続可能性の高い地域社会を構築するうえで、小論で取り上げたまちづくりの分野においては、住民が安心して暮らせる魅力ある地域をめざしたコミュニティ・レベルからの自立的、創造的なまちづくりの必要性は高い。

（三橋　伸夫）

注
*1　協働とは、行政、企業、NPOなど異なる主体が共通の目標の下に各々の役割をもって対等の立場で協力し、社会的課題の解決などに取り組むこと。
*2　CSRとは企業の社会的責任を指し、社会貢献活動はその一分野。
*3　新たな社会的価値の創造とは、例えば、街並み景観、平地林、障がい者の社会参加など、従来注目されることの少なかった事象に着目し、これをまちの魅力づくりに活かす気づきを生み出すことを指す。

1-3

地域産業におけるものづくりの空間

📍 keywords　地域産業　ものづくり　注染　酒蔵

1　地域産業におけるものづくり

　地域産業では、近隣で手に入る素材が、街道や鉄道などの都市基盤によって運ばれ、工場や工房の建築のなかで、日照や水源などの自然条件を活かしてものが生産され、消費地へと送られる。ものづくりは、こうした環境的な連関により成立しており、地域産業には、もの、建築、都市を横断する地域デザインの一端をみることができる。

2　田川沿いの産業と染工場

　宇都宮はかつて「池辺郷」と呼ばれ、「七水八河原」と数えられる湧水と河原

図1　田川沿いの産業と染工場

写真1　中川染工場

があり、豊かな水を活かした地域産業が育まれてきた（図1）。田川近くの奥州街道に面する旧篠原家住宅（国重要文化財）は、江戸時代に醤油醸造を営んでいた。上河原通りには、現在も操業する青源味噌の大谷石造の工場がある。醤油や味噌の醸造に水源や水運が役割を果たした。

　なかでも、「宮染め」は、川沿いに発展した宇都宮特産の染色産業である。真岡市で産出する良質な木綿で織られた反物が、染料を注ぐ注染の技法で染められ、手拭や浴衣となる。布は、染工場の空間に巻かれた反物として運ばれ、井戸や川の水で洗われ、長く伸ばして日光に干され（写真1）、畳んで木枠や型紙などの道具を用いて染められる。布は工程に応じて成長するように形を変えながら、製品となる。都市や自然の環境を活かしてものが作られ、その工程が都市の風景となっている。

3　栃木の酒造りと酒蔵

　栃木県では酒造りも盛んである。酒蔵は、良質な水が得られる水系と、販路に適した街道との関わりで立地する（図2）。米袋で運ばれた白米が蒸され、温度管理された仕込蔵の中で麹菌により発酵し、ろ過や火入れをされた後に、清酒となり、瓶詰めして出荷される。特に酒蔵では、「蔵開き」をして、新酒を振る舞ったり、近年では蔵を使わない時期にコンサートをしたり等、ものづくり空間を開放するのが特徴である（写真2）。もともと酒蔵は、神酒を納める神社の近くや、宿場町にあることが多く、地域の主要な位置に建つことで、都市のパブリックスペースになる可能性を有している。

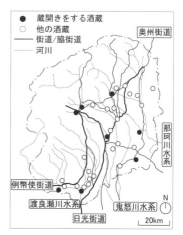

図2　栃木県における酒蔵の立地

写真2　酒蔵の蔵開き

4　もの・建築・都市のつながりの再構築

　近代の大量生産や、現代のグローバル経済は、実はこうした、ものと地域の歴史的・文化的な結びつきを切断することで発展してきた。しかし21世紀に入り、地産地消による魅力や安全性、小さな経済圏による持続可能性などから、地域産業の良さが見直されている。そこには、もの、建築、都市のつながりの再構築による新たな文化形成の可能性がある。

（安森　亮雄）

参考文献

安森亮雄・福沢潤哉 2017「染工場における布からみた設え —— 地域産業におけるものづくりの空間に関する研究（1）」日本建築学会大会学術講演梗概集，pp.403-404

「地域産業とデザイン〜宮の注染を拓く〜」https://www.g-mark.org/award/describe/44548（2020.2.13 閲覧）

塚本琢也・安森亮雄 2019「酒蔵における設えと蔵開きからみたモノ・建築・都市の連関　地域産業におけるものづくりの空間に関する研究（5）」日本建築学会大会学術講演梗概集，pp.371-372

歴史がつくる地域の現在と地域デザイン

♀ keywords　歴史　時間　過去・現在・未来

1　歴史がつくる地域の現在

　地域の現在は、地域の歴史が積み重なることでかたちづくられている。地域の
コミュニティの現在は、これまでの地域の人々が織りなす活動のうえに成り立
ち、地域の建築や都市の現在は、これまでに建設された建物で構成され、地域の
社会基盤の現在は、これまでに整備されてきた道路や水道などによって築かれて
いる。地域をこうして捉えることのなかに、地域デザインのきっかけの一端があ
らわれている。

2　歴史の重なりがつくる宇都宮の現在

　例えば、宇都宮の中心市街地をみてみよう。宇都宮は、徳川家康の霊廟である
日光東照宮へ向かう日光街道と奥州白河へ向かう奥州街道の追分の宿場町として
発展してきた町であり、その都市の骨格は、江戸時代初期、宇都宮城城主の本田
正純により、中世以来築かれてきた城と城下町を改造して形成されたといわれて
いる（図1、宇都宮市教育委員会所蔵）。その骨格は明快で、二荒山神社と宇都宮城
の南北の政治的あるいは文化的ともいえる軸に、街道という交通の軸が直交する
ように東西に通されてつくられている。これを踏まえて、現在の宇都宮の中心市

図1　宇都宮御城内外絵図

図2　宇都宮市中心市街地

街地（図2）をみてみると、まず、東西の街道の両端部にJR宇都宮駅と東武宇都宮駅がつくられ、現在の「大通り」という宇都宮の交通の核となる軸になっていることがわかる。さらに、それと直行するように（二荒山神社と宇都宮城の軸と平行して）、県庁と市役所の軸がつくられ

写真1　大谷地区（平和観音への参道）の写真

ており、宇都宮の政治・文化の中心軸がつくられている。このように、宇都宮は、中近世以来つくられてきた都市の骨格に合わせて、近代の新たな政治体制や交通機関の骨格が重ねられてできている町である。

　また、宇都宮市のなかでも独特の歴史をもつ大谷地区についてもみてみよう。大谷は、大谷石の産業を中心に栄えてきた町であり、近年では、日本遺産にも登録されるなど注目されている。写真1は、大谷観音への参道を撮影した写真である。左側は、昭和20年代、大谷石の採石が盛んだったころに撮影されたもので、採石場に続く道に石材が並び、人や石材を乗せるための人車軌道が走る場所であった。右側は、現在の写真で、人車軌道が敷設されていた場所は、現在公園への参道として当時の面影をのこしており、道沿いに飲食店や物産店が建ち並ぶ場所になっていることがわかる。このように、大谷地区は、これまでの採石産業の風景のうえに、現在の活動が重ね合わされてつくられている。

3　地域をデザインするには

　今後、宇都宮の中心市街地は、LRTの導入などで大きく変わり、大谷地区は、観光業の活性化に伴って変化していく。そのとき、地域をデザインするという行為は、上で述べた歴史のうえにかたちづくられた地域の現在を未来へ向けて編集、改変する行為と考えることができ、こうした認識が今後、地域をデザインするうえで前提となる重要な考え方であるといえる。

（大嶽　陽徳）

参考文献

小林基澄・安森亮雄他 2018『大谷地区における採石関連の産業遺産の時層──栃木県宇都宮市を中心とする大谷石建造物に関する研究15』日本建築学会大会学術講演梗概集

1-5

産業遺産の多角的な活用

🔑 keywords　産業遺産　地域観光資源としての活用　大谷石採石場　新たな産業

1　産業遺産の活用

　産業遺産として、フォルクリンゲン製鉄所（Völklinger Hütte）が世界遺産に登録されてから四半世紀が経過した。この四半世紀で日本でも、歴史学習や観光名所として、産業遺産は一般に浸透しつつある。

　産業遺産の定義はさまざまであるが、国際産業遺産保存委員会（TICCIH）では、2003 年に採択したニジニタギル憲章において「歴史的、技術的、社会的、建築学的、あるいは科学的価値のある産業文化の遺物からなる」としており、産業に関わる施設すべてが含まれ、従業員の住宅や教育施設も含まれる。また、経済産業省は「近代化産業遺産」を大臣認定しており、こちらは地域活性化の側面ももち、地域観光資源としての活用を推進している。

　産業遺産の事例には、現在も稼働中の施設もあれば、稼動時の姿に近い形で博物館や公園として保存されている施設もあり、施設の活用方法はさまざまである。また近年では、稼動時とは異なる用途の施設を複合する施設もみられ、歴史と文化の伝承を主目的としつつも、地域の特性を反映した新たな活用が進んでいる。

2　地域の産業遺産の活用事例

　栃木県内では、足尾銅山、足利織物関連の産業遺産、大谷石採掘場、旧下野煉化製造会社煉瓦窯、日光観光関連の産業遺産などがあり、それぞれの特徴を活かした活用がなされている。

　宇都宮市の大谷石採掘場では、産業遺産としての採掘場や加工場などの観光活用と並行して、採掘場跡地を活用した新たな産業がはじめられつつある。

　この地域では十数世紀にわたり緑色凝灰岩が採掘されてきた。緑色凝灰岩は日本列島の広い範囲に分布しており、この地域で採れる良質なものが「大谷石」と呼ばれている。もともと農業の閑散期に採掘されており、明治期以降、この地域の産業の中心となったが、昭和末期に新建材や海外産材が台頭し、現在は一部を

残して採掘は行われていない。これらの採掘場跡地やそこに貯まっている豊富な地下水などの大谷石産業遺構の活用が近年注目されている。産業遺産の観光利用は他地域でも多くみられるが、この地域では大谷石の岸壁が特徴的な景観公園や上記採掘所跡地の空間を体験できる資料館などが活用されている。これらの産業遺構の見学に加え、これらの空間を活かした地底湖クルーズなどの独自のアクティビティ、かつての空き建物をリノベーションした飲食店などが注目されており、観光客も年々増加している。これらの観光活用と並行して、新たな産業の創出も行われている。上記採掘所跡地の地下水の平均水温が通常の地下水よりも低い（約5〜10℃）ことが着目されており、地下冷水の冷熱エネルギーを熱交換の冷熱源として利用した、貯蔵庫事業や夏イチゴ栽培などの事業が推進されている。

　大谷石採掘場に関連する産業遺産の活用としては、この地域にもともと住まう人々の生活の場としての側面を残しながら、観光・新産業などの事業の場として再生することが目指されている。さらに将来的には知的集約型産業の場ともなることが予想され、これらの多様な事業との共存が重要な課題となっている。

3　産業遺産の多角的活用

　産業遺産の保存と公開は、この四半世紀で大きく広がった。産業遺産は、地域の歴史、文化を伝える役割が特に重要であり、観光活用により地域内外で広く知られるようになった事例も多いことから、観光資源化の効果がみられる。また、今後は、観光以外の産業の振興により、新たな産業の場として活用される、上述の大谷石採石場跡地のような事例も増えていくのではないかと考えられる。もともとの産業が地域の特徴にもとづいて興され、根付いたように、産業遺産の活用についても、それぞれの地域の特性をより色濃く反映し、一層多角的に行われる事例が増えていくものと考えられる。

（藤原　紀沙）

参考文献
経済産業省経済産業政策局地域経済産業グループ 2014『地域活性化のための産業遺産・工場見学等の活用ガイドブック』経済産業省

1-6

風土と農業

👤 keywords　風土　灌漑農業　技術

1　日本における風土と農業

　風土とは、継続的な人間の自然への働きかけによって特殊化した自然であると同時に、この特殊化した自然を自己の内部に取り込んだ人間たちの資質、社会関係、文化など人間の地域社会の総体でもある。日本の灌漑農業は、圧倒的に大地の改良に力が注がれることによって労働用具の改良を制約し、ヨーロッパやアジア諸地域の農業と比較して畜力の利用と畜力農具の発達が貧弱であった。それ故、人間と自然との直接的親和性が広く維持されたし、人間相互の関係においても慣習的秩序を基準にした集団性が優越した（玉城・旗手 1974：22-43）。

2　栃木の風土と農業展開

　関東平野に位置する栃木県は、関東ローム層とよばれる火山灰の洪積台地が広い面積を占めており、水が引きにくいため平地林と結びついた畑の多いことが農業の大きな特色となり、さまざまな特産物の生産が生み出された。それは江戸時代の木綿、葉タバコ、カンピョウであり、明治以降は葉タバコ、カンピョウ、コンニャク芋であり、1991 年に栃木県が生産額全国 1 位の品目は麻、カンピョウ、桑苗、二条大麦、ニラ、イチゴであった（桜井 1995：22-35）。

　今日見られる水田風景の広がりは、土木技術の進歩によって戦後に一般化したものである。近世以前には、まず洪積台地や丘陵を流れる中小河川沿いの引水しやすい部分しか水田化できなかった。技術や資金の面で大河川からの取水が可能となったのは、近世以降のことである。明治時代になると西洋の土木技術が導入され、戦後になると電機揚水が容易になり、那須野ヶ原や畑作地帯で水田拡張が一気に進んだ（桜井 1995：38-45）。

　栃木県は生乳生産量で北海道に次ぐ全国第 2 位（2018 年度）であり、その酪農は那須山麓地域に集中している。そこで酪農が盛んになった理由としては、①水利の上から畑地として利用せざるをえなかった、②地力が痩薄で家畜導入による

地力培養が必要であった、③標高が高く気温冷涼なので牧草や飼料作物以外は適さなかった、等々をあげることができる。しかし、酪農化が著しく進むのは戦後の馬産経済の崩壊以降のことである。そして、1955年の酪農振興法による「那須山麓集約酪農地域」指定によって機械や施設の導入が推進される。全国的には既に酪農家が大幅に減少してしまった昭和40年代以降においても、那須山麓地域における酪農家率は高いままで、これらの酪農家のかなりの部分は都府県では稀にみる多頭飼育を行っている（青木 1985：144-146）。

　栃木県のイチゴは2018年度産時点で51年連続生産量全国1位の記録を更新中である。その契機は、戦後に足利市の仁井田一郎が加温施設を使わずに1月の収穫に成功したことである。その後、田沼町の柿沼平治が戦場ヶ原での高冷地育苗技術を開発してイチゴの年内出荷が、さらに栃木県農業試験場栃木分場で「女峰」が育成されたことによって、平地育苗でも12月出荷が可能になった。このようにして今日の地位が築かれてきたのである（桜井 1995：137-143）。

3　風土と農業の関係性の変化

　風土に対応して農業が展開するには、技術が鍵であった。そして、近代化とともに農業技術の対象の比重が大地から、作物・家畜、そして機械・施設へと移ってきた。「近代化」とよばれるこの過程は、自然的個性が失われる過程でもあり、典型的なのは平地林と結びついた地力再生産機構の後退である（永田 1985：318）。平地林はたい肥の材料や燃料の採取のためにも不可欠であったが、化学肥料の普及と燃料革命でその存在意義がなくなり、都市化のための大規模開発用地となった（桜井 1995：44-45）。風土も、グローバルな産業化の波に飲み込まれている。そういうときこそ、「土着性と世界性とを対立する両極としてとらえるのではなく、現実の生活の中で再構成し総合してゆくこと」（玉城・旗手 1974：45）が課題である。

（原田　淳）

参考文献

青木寿美男 1985「那須山麓酪農の展開」永田恵十郎編著『空っ風農業の構造』農山漁村文化協会

桜井明久監修 1995『最新　栃木の農業』下野新聞社

玉城哲・旗手勲 1974『風土』平凡社

1-7

地域資源の把握と活用のプロセス

🔑 keywords　地域資源　地域調査　地域づくり

1　中央からの視点、地方からの視点

　地域資源という言葉は、2007年に「中小企業地域資源活用促進法（略称）」が経済産業省中小企業庁によって制定され、国策として使われ始めた。国土交通省観光庁は、2015年より3年間「地域資源を活用した観光地魅力創出事業」を展開し、地方への支援を行っている。このような、地方へのテコ入れという中央（国）からの視点では、地域経済を活性化させるための原資として、農林水産物、鉱工業品や生産技術、観光資源などが「地域資源」と呼ばれてきた。では、私たちが地方に足場を置き、内発的に地域振興策を興していく際には、どのように定義づければ良いだろうか。ここでは、地域資源を把握して事業に活かしていくプロセスの一例として、栃木県益子町の事例を紹介する。

2　地域資源の把握

　栃木県の東南部に位置する益子町は、江戸時代末に窯業が興り、陶芸の町として知られている。東京に近いという立地の良さもあり産地として発展し、窯業を基幹産業として観光立町を目指してきた。現在でも春と秋の「陶器市」には多くの観光客が訪れ賑わいを見せているが、景気動向や社会情勢の変化などを受け、窯業だけに頼らない地域再生の道を探る試みが行政主導で始まっている。2008年には町の総合計画「ましこ再生計画」に基づき、文化事業による地域振興策の検討が始められた。そのひとつとして、3年おきに町の事業として開催する「土祭」という名の新しい文化事業が2009年に始まった。人間の営みの基盤である「土」をコンセプトの中心に据え、地域の風土をもとに表現されるアート作品の展示やワークショップ、セミナーなどを約2週間にわたり開催する。3回目となった2015年には、その企画構想の基礎とするために、あらためて地域の資源を把握する調査「益子の風土・風景を読み解くプロジェクト」を行った。筆者が企画と運営統括を行った調査の手法について概要を紹介する。

①地域調査の専門家を招き、外からの視点と専門的な知見を取り入れながら町職員と地域住民との協働で調査を行う。②全町を13地区に分け、1地区に約1ヶ月の調査期間を設定。③文献調査や各地区のキーパーソンからの事前聞き取りをもとに踏査を実施。④高齢者を中心に1地区につき5名前後への聞き取り調査を各1時間程度実施し、全文を書き起こす。⑤中間報告を地区ごとにまとめ公民館にて中間報告会を開き、地域住民とさらなる情報交換を行う。⑥その内容を受けて追加調査を行い、座談会記録も追加した報告書を作成。町の「土祭」ホームページで公開し、冊子化した資料を各公民館に閲覧用として配布。

3　地域資源の活用

この調査で把握したさまざまな地域の情報は、土祭に参加する作家へ共有し、ワークショップなどのテーマ設定や、「風景遠足」と名付けたツアーのコース設定へ反映させた。例えばある地区では、水神様にお供えする「おやき」づくりなど、農家の方から行事食について学ぶことができた。その知恵をもとに菓子づくりチームをつくり、高齢者の方々の知恵を受け継ぎながら、こども向けの「駄菓子屋さん」を立ち上げた。また、調査時には、50年前に閉館した映画館に関する思い出話も多く聞かれた。町の社交場としての「共同記憶」を地域の資源として受け止め、築120年の空家を改修した建物で住民有志が選定した映画を連日上映し、期間限定で町の映画館を復活させた。聞き取りでは、地域の課題も浮かび上がり、伝統芸能の後継者不足や、利用されなくなった薪炭林と再生可能エネルギー問題などは、セミナーのテーマ設定に活かした。

このように、地域活性化の取り組みに有用な情報は「物的資源」だけではなく、「知恵」「コミュニティ」など多岐にわたる。それぞれが地域に存在する意味を自然環境や歴史的な文脈の中で理解し、今日的な価値を考えることで、それらは初めて地域の資源となり、その適切な把握、理解と活用によって、地域の困りごとを解決し地域に活力を生むような計画を立てることが可能となる。近年の、少子高齢化と地方の衰退が加速度的に進む日本では、地域資源は「もの」から「ひと」「こと」にまで、その概念も拡大させながら、あらためて重要視されるようになっている。

（簑田　理香）

参考文献
山本勉編著 2019『地域社会学入門——現代的課題との関わりで』学文社

地域と文化

keywords　地域資源　伝統文化　"まちづくり"　デザイン

1　お祭りの存続が危ぶまれる地域がある

　各個に背景はあれども、お祭りを執り行うコトよりも、お祭りそのモノが本質である。文化の本質はモノであり、人もまた本心に立ち還れば文化（人）と呼べる。とかく人はコトのためのコトに偏り、知らず識らず本質を見失う。また、人は文化を歴史の深さで分別するが、それが五年、十年のコトと軽んじてはならない。そこに共感し、何かしら伝承する価値を見いだせば、さらに時を刻む歴としたモノになる。確かに、歴史の深さはどこか人に信頼を与えるが、文化の伝統と価値は、常に移ろう時代と人の判断に委ねられており、むしろ、今のおかしな文化に声を上げる勇気と責任を持つ文化ビトでありたい。

2　安易な模倣は追従に過ぎない

　共感へのプロセスを手放してはいないか。あるいはその貴重な権限を他者へ移譲していないか。昨今の"まちづくり"でプロを自認する職業人、アーティストの活躍を目にするが、個の主張が過ぎれば評価は分かれる宿命にある。時に、美点が欠点になるのがアートであり、およそプロの危うさはそこにある。アートは西欧に生まれ、近代日本が無批判に受け入れた思想であり手段である。個の主張が公に益をもたらすとは限らず、個の主張を束ねる理想、今にいう"協働"が創り上げる仕組みは叶わぬものか。土練りから絵付けといった工程を分業した陶工のごとく、各個の現場で眼と技を利かせるのが日本の"ものづくり"ではなかったか。かくして、日本は工藝的な分業が創造を生む国であった。挿す花が無くとも飾られる花瓶など珍しくなく、工藝の多くにチカラが宿っていた。やがて工藝は美術を目指し、工藝品と工藝美術のような分類が分別心を生んだのである。さらに遡れば、日本は確かに異文化を取り入れるコトに長け、その豊かな好奇心が異文化をモノにし、あらゆるモノを日本化へと導いてきた。そもそも文化とは、都市（城）を築く意味、「culture」にはじまり、都市と人とが生みだしてきた価

値あるモノを指し示す。衣・食・住をはじめ、思想や学問、藝術や道徳に政治までも含まれる生活様式が文化であり、そのすべてに、時代と人との心が形象化されている。また、世界は都市化を目指すとともに様様な技術を生み、"城を築く"道具、機械といった文明を世に送り出してきた。それでも日本は、「道に具えるモノ」として、道具そのモノを敬い、職人気質の豊かな時代を築いてきた。そして、このような優れた「術」に設計（design）を意味する思想、「藝」が加わってこそ、日本の本来的「藝術」が成り立つのではないか。藝術には様様な分野があり、音楽や絵画を持ち出すまでもなく、手段としての媒体が異なることに気づく。葉書一枚にして富士の雄大さを描けるのが藝術である。

3　生きるコトそのモノが文化である

　こうして、世界は文化とともに人の心が成長する仕組みになっている。そして、人の心に知的活動の根源となる好奇心を呼び起こすのが文化藝術のチカラである。これを教育に機能させる藝術教育は、もとより藝術家を養成する場ではない。藝術への理解を鑑賞や追体験を通して導くが、未だ善き鑑賞者を育てる仕組みには至らない。そこにも潜む自由と怠惰を弁えれば、日本は型の文化であり、各個に仕組まれた秩序のなかにこそ振る舞いの自由がある。喩えれば、子供らの鬼ごっこは公園内にとどめるであろう。その範囲を拡大すれば、双方がたちまち不自由になる。そもそも文化には、限られた玩具をもとに遊びが創造されるような仕組みがある。本来、"遊び"とは心の余地であり、自由とは創造を生む余力ある場においてのみ使える言葉ではないか。文化と呼べるモノには思想、教育、藝術、習慣、宗教、法律と枚挙に暇がない。そこに科学や技術も含まれてよい。文化とは価値観であり信条ともいえる。その地で生活する人と人との間に生まれるモノであり生活様式である。つまり、我我が生きているコトそのモノが文化であり、我我は生まれながらにして文化人といえる。だが、この情報化社会に選択肢は広がるも個に主張の場を許し、多様性は無秩序を容認する。多文化共生を謳うこの時代に、"異文化理解"なる言葉を掲げずとも、様様な文化を受け入れるに足る文化性こそ求められてよい。看脚下。己の足元を脅かし、とかく弊害を生むコトは潔く捨ててよい。未来へとつなぐ智慧ある文化人、「者」として生きるならば。

（中島　宗晄）

多文化・多民族共生社会へ向けた課題

🔑 keywords　多文化共生　多民族共生　多文化教育　アイヌ民族

1　多文化・多民族共生社会とは

　文化や民族の違いを相互に認識し合う一方で、少数者（マイノリティ）の権利保障のための制度をともなうような社会が多文化・多民族共生社会だといえる。自文化以外を認識する入り口となる導入的な交流としてはいわゆる「3つのF」、すなわち、民族料理（Food）・民族衣装（Fashion）・祭典や儀礼（Festival）に関わるものが挙げられる。これらは親しみやすい内容を含んでいるため、しばしば文化交流イベントなどで体験することができ、当該文化や民族を認識する一助となることが多い。

　しかしながら、現代のグローバル化が進展している社会において求められているのは交流レベルにとどまらず、国内におけるその文化・民族をめぐる課題、例えば言語学習や学校制度、生活習慣や宗教等の差異による居住地・職場での問題などを、アイデンティティにかかわる人権問題という認識のもと、いかに解決していくかが問われているといえる。

2　日本における多文化共生政策

　法務省「平成30年末現在における在留外国人数について」によれば、日本の在留外国人数は2008（平成20）年末に214万5千人となり、その後ゆるやかに減少していくも、2013（平成25）年末から増加に転じ、2018（平成30）年末には273万1千人となり、過去最高数値を更新し続けている。

　このような状況のなか、2006（平成18）年の総務省「地域における多文化共生プラン」では、「国籍や民族などが異なる人々が、互いの文化的差異を認め合い、対等な関係を築こうとしながら、地域社会の構成員として共に生きていくような、多文化共生の地域づくりを推し進める必要性」が示され、各自治体にも同様の動きがみられるようになった。その後、2012（平成24）年には、甚大な被害をもたらした災害時に、言語・文化の異なる外国人の生命保護および支援が喫緊の

課題となったため、2012（平成24）年に報告書『多文化共生の推進に関する研究会報告書　災害時のより円滑な外国人住民対応に向けて』が提出された。2016（平成28）年は「地域における多文化共生プラン」10周年となったことを受け、翌年に『多文化共生事例集〜多文化共生推進プランから10年　共に拓く地域の未来〜』が公表された。このなかでは、コミュニケーション支援（9事例）・生活支援（28事例）・多文化共生の地域づくり（9事例）・地域活性化やグローバル化への貢献（6事例）の計52事例が紹介されている。

3　日本における民族問題

　日本における民族問題は就労・移住を目的とした外国籍の人たちや、いわゆるオールドカマーと呼ばれる在日のアジア系の人たちの問題が多く取り上げられているが、日本においても先住民族問題があることに注意したい。

　日本における先住民族としては北海道・東北地方を中心として居住してきたアイヌ民族があげられる。アイヌ民族は差別・搾取の対象となった歴史的経緯があるが、近年その民族としての権利について見直す動きが進んでいる。これはこの問題が北海道限定の「地域問題」ではない、ということを示しているといえる。

　アイヌ民族についてはここ10年ほどで大きく流れができており、2008（平成20）年に「アイヌ民族を先住民族とすることを求める決議案」に対して衆参両院が全会一致で可決し、2019年には「アイヌの人々の誇りが尊重される社会を実現するための施策の推進に関する法律」（アイヌ施策推進法）が成立し、また2020（令和2）年には北海道白老町に国立アイヌ民族博物館の開館も予定されている。しかしながらアイヌ民族が求めているのは、マジョリティに親しみやすい文化の知識だけを得てもらうことではなく、民族としての権利がどのようなものであるか、そしてその保障がなされる社会にしていくにはどうしたらいいかについてともに考えていくことであり、これこそが共生社会であるということができるのである。

（若園　雄志郎）

参考文献

渡辺幸倫編著 2019『多文化社会の社会教育——公民館・図書館・博物館がつくる「安心の居場所」』明石書店

Emviro

地域の環境

nment

　持続可能な地域をつくっていくためには、地域の環境である地形、気候、水、生態系、森林、資源など、その地域ならではの特徴を理解し、その特性に応じたかたちで環境資源を上手に活かしながら、そして環境容量を超えない範囲で利用し、地域づくりを進めていく必要がある。地域の環境を把握する視点として「地域・都市のエコシステム」、「地域資源と利活用」、「里山とランドスケープ」、「地域社会と河川の関わり」、地域の環境資源を見出し、活用する方法として、「再生可能エネルギー」、「地域エネルギー活用」、「地域気候と建築環境設計」、地域の環境負荷の視点として「地域のカーボンニュートラル化」、「建築材料の製造と環境負荷」など、9つのテーマについて紹介する。

　地域の環境は、地域固有の風景、歴史、文化形成を基盤レベルで支え、地域に恵みをもたらしてくれる。一方、近年の極端な気象現象に伴う自然災害の頻発が顕在化しつつあり、その一因として地域の自然環境の改変や放棄が指摘される中、快適で安全安心な地域づくりのためには、地域の環境を理解し、活用だけではなく、適切に維持・修復をしながら、地域の再生を図っていく必要がある。地域の環境は、地域ごとに多様であり、地域固有の環境を各地域に適したかたちで捉え、活用するスキルを身につけた人材が求められている。

地域・都市のエコシステム

🔑 keywords　　エコシステム　エコロジカル・フットプリント

1　エコシステム

　エコシステム（Odum 1959）は、生物群集と無機的環境から構成されるシステムであり、異なる組織と環境が生み出す物質とエネルギーが相互に循環するシステムである。生物群集では、生産、消費、分解のプロセスがあり、無機的環境では、大気、水、光、土壌などの物質の循環やエネルギーの流れから構成される。

　エコシステムの概念は、地球環境のスケールから地域・都市スケールまで様々なスケールにおいて適用される。持続可能な社会の必要条件は、その社会を支えるエコシステムから受けることのできるサービスの範囲内、環境容量の範囲内での社会システムの構築である。人間活動のインパクトがスケール的にも強度においても大きくなり、自然のプロセス、エコシステムのプロセスと協調しない地域・都市は、土地消費、エネルギー消費、資源消費などにより、大気汚染、水質汚染、生物多様性の劣化をもたらし、さらには自然災害の甚大化にもつながることが顕在化しつつある。

2　地球一個分の暮らし

　地域や都市レベルで、エコシステムの環境容量と環境負荷量を把握し、行動にフィードバックすることが必要とされる。我々の生活は、生態系から様々な便益を受けており、これらの便益をエコシステムサービスと呼ぶ（表1）。エコシステムサービスが許容できる環境容量と環境負荷を定量化する手法として、エコロジカル・

表1　エコシステムサービス

①供給サービス	食料、繊維、燃料、遺伝子資源、生化学物質、装飾品の素材、淡水
②調整サービス	大気質の調節、気候の調節、水の調節、土壌浸食の抑制、水の浄化と廃棄物の処理、疾病の予防、病害虫の抑制、花粉媒介、自然災害の防護
③文化的サービス	文化的多様性、精神的・宗教的価値、知識体系（伝統的、慣習的）、教育的価値、インスピレーション、審美的価値、社会的関係、場所の感覚、文化的遺産価値、娯楽とエコツーリズム
④基盤サービス	土壌形成、光合成、一次生産、栄養塩循環、水循環

フットプリント（EF）（ワケナゲル 2004）がある（図1）。EF は、環境負荷を土地面積に換算し自分たちの生活が地球何個分の生活かを気づかせてくれる。世界中の人々がアメリカ人と同様な生活をしたら地球 5 つ分の環境容量が必要であり、世界中の人が日本と同様な生活をしたら地球 2.5 個分が必要とされている。世界の人口で地球の環境容量を平等に分かち合ったとしたら、一人当たり 2（gha：global ha ＝世界平均化した土地面積）とされている。日本人一人当たりの環境負荷量は約 5（gha）であり、地球一個分の暮らしを

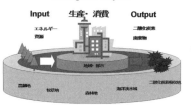

Ecological Footprint

Input　生産・消費　Output

エネルギー　二酸化炭素
資源　廃棄物

①農耕地：農産品・加工品に必要な土地面積　0.47/0.13ha
②牧草地：酪農産品・加工品に必要な土地面積　0.06/0.01ha
③森林：林産品・加工品に必要な土地面積　0.28/0.28ha
④エネルギー：エネルギー消費等により排出される　3.04ha
　CO2吸収のため必要な土地面積
⑤水域：漁業産品、加工品目に必要な土地面積　0.76/0.10ha
⑥人工地：都市、道路、建築など人工地の土地面積　0.16ha

図1　EF と環境容量

するには様々な仕組みの効率を 2.5 倍以上向上させるか、今の暮らしの便利さを我慢して環境負荷を半分以上減らすか、もしくはその両方の組み合わせが必要である。

3　地域・都市のエコシステムとの好循環

　地球一個分の暮らしに向けた取り組みの手がかりとして、地域のエコシステムと人為的活動の好循環の中に見出すことができるかもしれない。水田 100 ㎡あたり 60 kg 程度のお米が取れ、年間で一人当たり 60 kg 程度のお米を食べる。おおよそ家一軒分の広さの水田が人の食を支えている。

　住宅や建築を造るプロセスでは、構成する建築部材の製造過程、輸送過程で多くのエネルギーが消費され、CO_2 が排出される。住宅 1 軒造るために、住宅運用の 15 ～ 20 年相当分の CO_2 が排出される。栃木県は、森林資源が豊富で、良質な杉材が生産される地域として有名である。住宅や建築物に地域で産出された地域材を積極的に活用することで建設に起因する CO_2 を抑えることが可能となる。木材の利用は、同時に山の森林資源の適切な維持管理につながり、街と山が一体となった地域の環境向上と環境負荷低減の好循環を生み出すことが期待できる。

（横尾　昇剛）

参考文献

Eugene P. Odum　1959　*Fundamentals of Ecology*, W. B. Saunders

マティース・ワケナゲル他，和田喜彦監訳　2004『エコロジカル・フットプリント』合同出版

地域資源と利活用

地域資源の特質を知り地域資源を活用するために

⚲ keywords　資源　地域資源　利活用

1　地域資源とは

　科学技術庁資源調査会（現 文部科学省資源調査分科会）によると、資源とは、人間が社会生活を維持向上させる源泉として、働きかける対象となりうる事物を意味している。そもそも「資源」とは、英語の「resource」に対する訳語として定着した比較的新しい用語で、明治・大正期まではむしろ「富源」が用いられていた。昭和2年に内閣の外局として資源局が設置され、同4年に資源調査法が制定されてからは、もっぱら「資源」が使われるようになり、今日に至っている。

　地域資源とは、「地域」と「資源」を組み合わせた造語であり、「資源」の経緯を踏まえると、用語としてはもっぱら昭和期以降に用いられたものと考えられる。そもそも地域とは、取り組み主体が関与していたり、まとまりがあると見なしている空間範囲を意味している。例えば、市町村が主体となる場合はその行政圏を示し、NPOの場合にはその活動圏が地域となる。よって、地域資源とは、ある主体が利用している地域にある資源や、ある主体にとってまとまりがあると見なしている地域にある資源を意味するものと言うことができるだろう。

2　地域資源の特質

　『地域資源の国民的利用』（1988）を著した永田恵十郎は、一般的な資源概念と異なる地域資源が有する特性として、非移転性、有機的連鎖性、非市場的性格の三点を指摘した。①非移転性とは、例えば、土地や気象、景観などの地域資源は、人の手で空間的に移転させることができず、その地域だけに存在し、その地域だけで利用できるものであり、希少性も併せ持つことである。②有機的連鎖性とは、地域資源相互の間には有機的な連鎖性があり、この連鎖性が破壊されると地域資源としての有用性も失われてしまうことを示している。③非市場的性格とは、地域資源は非移転性や有機的連鎖性の特質を持つため、どこでも、いつでも

調達することは難しく、市場メカニズムにはなじみにくいことを意味しているという。

「農村集落構造分析調査報告書」（1984）によると、地域資源は、人による働きかけの対象となる本来的地域資源と、何らかの労働の結果生み出される準地域資源に分類される。本来的地域資源には、気候や地理的条件に加えて、農地・森林・用水・河川等のすでに利用されている顕在的地域資源や、自然生態系、野生動植物など、直接あるいは間接的に人間が働きかける対象が含まれる。人間は一般的に、労働によってこれらの地域資源に対して働きかけ、これらを有効な生産力に変えるのである。

3　地域資源の利活用

近代社会において、資源の適切な維持管理は、国家による中央集権的な方法か、民間による市場原理によって成されるものと考えられてきた。これに対して、2009年にノーベル経済学賞を受賞したエリノア・オストロム（Elinor Ostrom）は、国家でも市場でもなく、地域の人々が自主的にルールを決めて資源を管理する第三の方法を提起した。この際に列挙した世界中の資源管理の成功事例には、日本の入会による方法が含まれている。入会とは、一定地域の住民が地域の山林や原野、漁場などの地域資源を共同で利用・管理するもので、近代化の過程でその多くが個人の利用権へと移行されたが、我が国では古くから各地域で認められる地域資源の典型的な利用形態である。

今日では、これまでの経済成長の代償として、都市への人口流出、過疎高齢化、伝統文化の途絶など、地方の衰退が地域課題となっている。こうした背景を受けて、地方再生や地域活性化を念頭に、改めて地域資源を活用することへの期待が高まっている。永田は、地域資源を活用するためには、まず地域の個性を読み解くことが大切であるという。このためには、①潜在的地域資源が顕在的地域資源の活用と結びつくことによって生み出される地域的特質、すなわち自然的個性、②地域の歴史的な土地利用方式、作物の栽培、慣行技術などの歴史的な所産、すなわち歴史的個性、それに③地域資源を生産力化するにふさわしい生産と流通の仕組み、すなわち構造的個性に着目することが大切である。

（髙橋　俊守）

参考文献

永田恵十郎 1988『地域資源の国民的利用』農山漁村文化協会

2-3

里山とランドスケープ

多様な生態系によって構成された我が国の伝統的な農村景観

🔑 keywords　里山　ランドスケープ　生態系　SATOYAMA

1　「里山」の用法

　「里山」は、我が国で古くから用いられている「里」と「山」の二語を組み合わせた造語で、江戸時代には各地の林政資料で認められることから、少なくとも江戸時代より以前から用いられてきた言葉と考えられている。文献においては、1661年の佐賀藩の「山方ニ付テ申渡条々」が最も古い記録とされ、そこには田畠、里山方、山方として、土地を表す言葉として「里山」が用いられている。1663年の加賀藩による「改作所旧記」によると、山廻役、すなわち山の資源を監視する役職として、奥山廻、里山廻が置かれていた。1713年の秋田藩による「林取立役定書」では、林役人が監督する範囲として、深山、里山、野場を挙げている。1759年の尾張藩による「木曽御材木方」では、里山を「村里居近き山」と定義している。これらを見ると、里山とは、集落から日帰りで作業できるような空間的範囲に位置し、暮らしに用いる様々な地域資源が認められる身近な山を意味していたと理解できるだろう。ただし、全国どこでもこうした山を、里山と呼んでいたわけではなさそうである。筆者の知る範囲では、少なくとも栃木県においては、こうした身近な山をはじめ、野良作業をする平場を含めて、単に「ヤマ」と言っていたように思われる。栃木県におけるこうした「ヤマ」の用法は今日でも各所で認めることができるもので、『栃木県方言辞典』（1977）にも記載がある。

2　里山の特徴

　日本では国土の約4割が里山とされるが、特に1960年代以降のエネルギー源の変化、農山漁村の高齢化や人口流出、農林地の管理放棄、鳥獣被害の激化など、様々要因が組み合わさり、里山は劣化あるいは減少しつつある。環境省によると、日本では、国や地方、大学や研究機関に加え、900近い地域団体が、里

山の保全や再生の問題に取り組んでいるという。

　こうした里山は、21世紀に入り実施された、「日本における里山・里海のサブグローバル評価（里山里海評価）」によって、改めて注目されることになった。なお、「里海」とは、「里山」だけでは含むことが難しい沿岸域を示すものとして、里山と併せて用いられるようになった新しい用語である。里山里海評価には、宇都宮大学を含め、国内外の専門家や関係者が100人以上協力し、その学術的成果は、2010年に日本で開催された生物多様性条約第10回締約国会議（CBD/COP10）等で国内外に発信された。また、CBD/COP10を契機として、日本政府の主導によるSATOYAMAイニシアティブ国際パートナーシップも発足している。2010年にパリで開催されたSATOYAMAイニシアティブに関する国際有識者会合では、里山の英語表記について、「SATOYAMA」とともに、「Socio-Ecological Production Landscape」とすることが示された。後者については、日本語で表記すると、「社会・生態学的生産ランドスケープ」となる。

　里山の特徴は、生物多様性を維持しながら、人間の福利に必要な物品・サービスを継続的に供給するための、人間と自然の相互作用によって時間の経過とともに形成されてきた、社会・生態学的システムで構成される動的モザイクとして認識できる。すなわち、①里山は、森林、植林地、草地、農地、放牧地など陸域生態系を中心としつつ、河川、ため池、水路など水域生態系の両方を含む、多様な生態系が組み合わされて形成されたモザイク状のランドスケープであり、②里山は、地域の暮らしに基づく伝統的な知識を保ちつつ、現代社会がもたらす近代科学の要素が融合しながら、利用あるいは維持管理されている動的なランドスケープであるが、また、③里山ランドスケープにおける生物多様性は、里山の生態系がもつ回復力（レジリアンス）や、生態系機能を保持するための重要な要素である、とされている。

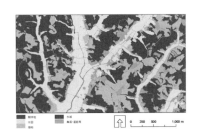

図1　多様な生態系がモザイク状に組み合わされた里山ランドスケープのGISモデル（栃木県市貝町）

（髙橋　俊守）

地域社会と河川の関わり

keywords　水災害　水資源　河川環境　生態系　気候変動

1　治水——水災害から守る

　河川は地域の成り立ちに大きく関わっており、大きく分けて治水・利水・環境の3つの面が挙げられる。1つめの治水では、大雨や融雪による洪水被害を防ぐために、様々な対策が講じられる。河川を流れる洪水流については、まず山地のダムで貯留して河川の負担を減らし、堤防の建設や拡幅・掘削などの河道整備をして洪水を安全に流す。場合によっては洪水流を平地の遊水地に貯留したり、新たな放水路や分水路に誘導したりして、河川への負担をさらに減らす。

　河川だけでなくその周辺地域（流域）については、保水地域・遊水地域・低水地域に分けて対策を講ずる。保水地域では防災調整池や雨水貯留・浸透施設、透水性舗装などにより、雨水が一度に大量に河川に流出するのを防ぐ。遊水地域では、水田やオープンスペースに雨水や河川の水を一時的に貯留し、河川への負担を軽減する。低水地域では、浸水被害に対して内水排除（ポンプ）施設の整備や耐水性建築の奨励を進める。

　以上のハード的対策に加えて、ソフト対策としての被害軽減策も重要である。例えば予警報システムの整備、ハザードマップの作成・配布、行政機関と地域住民が連携するタイムラインの策定、避難訓練の実施などがある。

　従来は河川に関わる施策のみが実施されていたが、流域対策およびソフト対策も実施されるようになり、これらを合わせて総合治水対策という。これは当初は都市型水害に対応するためのものであったが、最近では地球温暖化に伴う気候変動への適応策として、様々な地域で適用されるようになっている。気候変動による水災害激甚化の傾向は今後も進むと考えられるが、ハード対策には費用と時間が必要とされるため、コストと技術のバランスを保ちながら、個々の地域社会の特徴を考慮したソフト対策を有効に活用する必要がある。

2 利水――水の恵みを受ける

　河川や湖沼の水は水資源、漁業、舟運、発電など、様々な恵みをもたらしてくれる。特に水資源としての利用は重要である。地球上の水のうち、淡水の割合はわずか 2.5% 程度といわれている。このうちほとんどが地下水や氷河で、河川や湖沼などで利用可能なものは 0.01％に過ぎない。いまだに地球上で 9 億人が安全な水にアクセスが困難な状況にあり、水汲みに費やす時間のために子供の就学率が低く女性の社会進出が困難な地域がある。

　安定した水利用のためには雨量や河川流量の変動によらず、一定の水量を取水できるように、水資源開発が必要となる。その手法には地下水の汲み上げ（井戸）のほか、ダム、湖沼開発、河口堰などがある。場合によっては隣接する河川や湖沼を水路でつないで水を融通し合うこともある。水源地では、集落が水没したり生態系が撹乱されたり様々なデメリットを被るが、その恩恵を受けるのは離れた都市部の住民である。こうした水源地と需要地との乖離をどのように埋めていくか、大きな課題である。

　湖沼の環境問題としては過度の取水、富栄養化問題、持続的でない漁業、生物多様性の消失、ごみ問題、酸性化などがある。特に富栄養化問題は重要で、排水により水域内の窒素やリンの濃度が急上昇して植物プランクトンが異常増殖し（アオコ状態という）、カビ臭や溶存酸素の欠乏など様々な水質障害を引き起こしている。

3 環境――自然とともに生きる

　河川との触れ合いが自然への親しみを深め、安らぎを与えることは広く知られており、河川の親水機能と呼ばれる。これは河川が地域社会を形成する環境としての側面を示すもので、河川景観や各種レクリエーションの場、あるいはオープンスペースとして活用される。

　さらに河川は自然環境そのものであり、上流から下流まで連続的な生態系を育む回廊（コリドー）にもなっている。今では生態系や景観に配慮した「多自然川づくり」が根付いてきた。また堰などの横断構造物には魚道を設置して、魚類の上下流の移動が妨げられないようにしている。環境教育の場としてもよく利用されており、環境に限らず様々な地域活動が展開されている。

（池田　裕一）

再生可能エネルギーは
世界を救うことができるか

🔑 keywords　**再生可能エネルギー　太陽エネルギー　風力エネルギー**

1　エネルギーの問題

　人々は、伝統的なエネルギーを置き換えることができる新しいエネルギーを望んでいる。確かに、石炭は決して環境に優しいとはいえない。石油とガスのエネルギーは、石炭と比較して「クリーンな」エネルギーだが、高コストとなる。原子力は経済的と言われてきたが、安全性の問題に直面している。新エネルギーとして、太陽エネルギーや風力エネルギー等の再生可能エネルギーが期待されている。しかし、再生可能エネルギーによって世界を救えるのだろうか、また技術革新によって、再生可能エネルギーの問題を解決できるのだろうか？　本項では、再生可能エネルギーの開発における現在の課題を述べる。

2　再生可能エネルギーの問題

　第一の課題は、野生生物保護の課題である。特に国内において、太陽エネルギーはクリーンで持続可能なエネルギーとみなされてきたため、多くの投資がなされてきた。ただし、ソーラーパネルを稼働させるためには、野生生物、特に鳥を保護するために注意深い対策が必要となる。風力発電にも同様の問題がある。水力発電においても、ダムを建設することにより、長期的には川の生物は深刻な被害を受けている。

　第二の課題は、太陽エネルギーと風力エネルギーにおける供給の非連続性である。太陽光が遮られ、風が吹かなくなると、別のエネルギー源をできるだけ早く使用する必要がある。

　第三の課題は、技術の課題である。現在、再生可能エネルギー生成のコストを下げるための多くの技術がある。ただし、それらの多くは発展途上にあると思われる。ソーラールーフからの電気は、ソーラーファームからの電気の約2倍の費用がかかる。弱いエネルギーの流れから大きな量の電気を生み出すには、広大な

地域にソーラーパネルや風力タービンを敷設する必要がある。生態系へのダメージや持続可能なエネルギー供給など、再生可能エネルギーに関する基本的な問題を解決できるほどの技術革新はいまだなされていない。

　第四の課題に、結果として、再生可能エネルギーが従来よりも高価格になっていることである。コストに関して、米国とドイツの事例がある。例えば、カリフォルニア州では、2011（平成23）年から2017（平成29）年の間に、ソーラーパネルのコストは75％近く低下しているが、電力価格は米国の他の地域の5倍以上に上昇した。またドイツは、太陽光および風力エネルギーの世界的リーダーであるが2006（平成18）年から2017（平成29）年にかけて再生可能エネルギーの規模が拡大したため、電力価格は50％上昇した。

3　将来エネルギーの課題

　問題は、再生可能エネルギーの開発を大幅に増やしても大丈夫かということである。世界の持続可能な開発、次世代のための良好な環境創造を目指すには、各地域の条件を充分に理解した上で、最も適切な再生可能エネルギー開発の組み合せを検討する必要があるといえる。

（王　玲玲）

2-6

地域のエネルギーを活用した地域再創生

🔑 keywords　地域エネルギー　温熱　地下冷水　副次的効果　熱のカスケード利用

1　地域エネルギー

　地域に賦存するエネルギーとしては、太陽光、風力、小水力などの電力としてのエネルギーや、太陽熱、温泉熱、地中熱、河川水熱、下水熱、各種排熱など熱としてのエネルギーがある。太陽光や風力は一般の関心も高く普及が進みつつあるが、熱エネルギー利用への関心や理解は少ない。熱エネルギーは地域の至る所に存在しており、地域の熱エネルギーを見い出し、活用することが地域の再創生につながることが期待される。本項では地方の立地特性を活かし、エネルギーの地産地消を志向した事例として、温泉熱と地下水熱について紹介する。

2　地域の熱エネルギーを活用する技術と仕組み

（1）地域の温熱エネルギーとしての温泉熱利用

　奥日光湯元温泉における小規模の温泉旅館では、施設の改修に際して、温泉熱利用ヒートポンプシステムと放射パネルを導入し、源泉および廃湯を熱源として少ないエネルギーで暖房、給湯用の温水をつくっている。従来の灯油ボイラーによるシステムに比べ、約40％の一次エネルギー消費量、CO_2排出量の削減を達成している。エネルギーコストの削減、冬季の室内熱環境の改善によるリピーター客の増加、働き手にとって寒さの厳しい労働環境から暖かい環境への改善など、温泉熱利用による複数の副次的効果が得られている。

　湯元温泉地区では、温泉熱利用システムを導入する施設が続いており、将来的には、湯元地区全体でのエネルギー利用の転換が見込まれる。概算として湯元地区全体で温泉熱利用システムを導入した場合、年間約2千トン程のCO_2排出量削減が見込まれる。こうした地域特性を活かした取り組みを重ねることで、地域の資源を活用した環境配慮型のリゾートエリアとなる可能性が期待できる。

（2）地域の冷熱エネルギーとしての地下冷水利用事例

　宇都宮市大谷地区では、大谷石の採石場跡地として大規模な地下空間が広が

り、また地下冷水が貯留されている。地底湖クルーズや地形を活かしたハイキングコース、食品等の熟成など大谷固有の空間資源を特徴ある活用方法で進めている。空間利用に加え、空洞に貯留された地下冷水を利用として夏いちご栽培の実践や食品の保冷、データセンターの冷却などの検討も行われている。通常の地下水は15℃であるが、大谷の地下冷水は8℃から12℃であり、様々な冷却効果が期待できる。夏いちご栽培では、地下冷水を用いて培地部分を冷やすクラウン冷却方式が用いられている。食品の保冷スペース利用では地下冷水を用いて輻射冷房を行い、食品保冷空間を形成している。食品のコールドチェーンでは、膨大なエネルギーが投じられているが、自然の力により冷やされた大谷の地下冷水を活用することで、エネルギー消費量、CO_2排出量が少ない環境に配慮された食料・食品の製造、供給を支援することが可能となる。また耕作放棄地に夏いちごハウスや食品の熟成・保冷をするスペースが構築され、地域の雇用や新たな活動創出の機会にもなることが予想される。地下冷水は様々な副次的効果を地域にもたらす大谷の固有のエネルギー資源である。

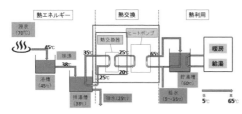

図1　温泉熱のカスケード利用システム

図2　大谷の冷熱エネルギー活用イメージ

3　地域エネルギー活用による地域の再創生へ

　地域の固有の資源である温泉熱や地下冷水など、見過ごされている熱エネルギーに着目し、多段階的に多用途に熱を利用する熱エネルギーカスケード利用の仕組みを適用することで省エネだけではない、複合的な効果を生み出しながら、地域の活性化につながる可能性が期待できる。個別の取り組みでは限定的ではあるが、こうした取り組みが面的に広がることで、地域が環境先進地区として認知され地域の再創生につながることが期待される。

（横尾　昇剛）

2-7

地域のカーボンニュートラル化

🔑 keywords　**カーボンニュートラル　ネットポジティブ**

1　カーボンニュートラル化の進展

　気候変動問題が顕在化する中、都市では積極的な取り組みが行われている。欧米の環境先進都市、コペンハーゲンやバンクーバーでは 2050 年を目標に都市のカーボンニュートラル（CN）化が進められている。気候変動に起因する気象災害が都市のリスクとして位置づけられ、大胆な環境施策による安全で快適な都市づくりが魅力となり、選ばれる都市につながっている。

　CN とは、都市や建物における化石燃料起源のエネルギー消費に伴い生じる CO_2 排出量相当を、化石燃料を使用しない再生可能エネルギーなどにより相殺し、ニュートラル化することであり、都市レベル、建築レベルで進められている。近い概念として、ゼロネルギービル、ゼロエネルギーハウスの取り組みがあり、これらはエネルギー資源問題に着目した取り組みであり、CN 化は、気候変動、地球温暖化など環境問題に着目した取り組みである。

2　カーボンニュートラル化のポテンシャルと実践

　都市の規模別に複数の環境対策の導入効果を試算すると（図 1）、大都市では、さまざまな対策を導入しても CN 化は困難であるが、北海道の下川町や、栃木の茂木町のような小規模の町では、森林などのバイオマス資源を利用することで CN 化が可能であり、さらに豊富な木質バイオマス資源は他の地域の CO_2 排出量を削減する余力を有している。宇都宮などの中規模の都市の場合は、太陽光、省エネ住宅建築、ハイブリッドカーなどを組み合わせて導入することで CN に達する可能性がある。日射量が豊富で、郊外に多くの戸建住宅が広がった都市の特性を活かし、戸建住宅の屋根面において太陽光発電を行うことや自動車の電動化への転換を図ることにより、CN 化に近づくことが可能である。既存の都市構造をそのまま活かしながらも適切な技術を複合的に導入することで、CO_2 削減効果が得られる。一方、大都市では、一通りの環境対策を講じても、高密度の都市構造

では再生可能エネルギーの利用に制約があるため CN 化は困難である。CN 化の点においては、小都市、中都市での取り組みが注目される。

　建築単体の取り組みでは、CN 化を超えるコンセプトの実践も行われている。ブリティッシュ・コロンビア大学のサステナビリティ研究センター（CIRS）の建物（写真 1）では、設計段階の周辺環境のレビューにおいて隣接する海洋研究センターから排出されている大量の排熱をエネルギー源として見い出し、この排熱を熱回収し、暖房、給湯エネルギーとして利用し、さらに余剰の熱エネルギーを隣接建物に再供給することで、隣接建物のエネルギーも削減している。自ら消費する以上のエネルギーを熱エネルギーのかたちで生み出し、建物単体で CN 化しつつ、キャンパスの熱供給プラントの都市ガス消費量を削減し、キャンパス全体の CO_2 排出量削減も実現し、水消費についても建物内に設置された植物を活用した浄化システムで下水を浄化し、再生水として利用している。容量に余裕のある場合は、他の建物からの下水も引き込み浄化し、キャンパス全体の下水量削減に寄与している。結果として、エネルギー、CO_2、水の面でキャンパスにポジティブな効果をもたらしている。

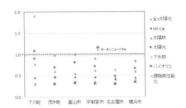

図 1　都市別施策別カーボンニュートラル　　写真 1　ポジティブデザイン適用の CIRS

3　カーボンニュートラルからネット・ポジティブデザインへ

　CN を志向した取り組みの実践から、技術的には CN 化は可能であり、ニュートラル化を超えた考えが模索されつつある。CIRS の事例のように建物単体で考えるのではなく、周囲との関係性から固有の解を見い出し、周囲にプラスの環境効果、副次的効果をもたらすデザインが、ネット・ポジティブデザインとして位置付けられる。気候変動、温暖化の進展の中で甚大な気象災害に直面している都市や地域において、中長期の取り組みとして建築、地区、都市の CN 化、そしてネット・ポジティブデザインの適用が求められる。

（横尾　昇剛）

地域気候と建築環境設計

🔑 keywords　気候　室内環境　省エネルギー　建築環境設計

1　地球環境時代の建築

　地球温暖化対策は、喫緊の課題である。建築に対しては、健康的な室内環境を保つとともに高い省エネルギー性をもち CO_2 排出量を削減することが求められている。これに応える高性能な建築は、地域気候との調和を目指す設計により実現できる。そのため、建築環境設計に際しては、地域の気象情報を利用し、種々の高性能化技術の効果を予測して、最適な組合せを決める。

2　建築環境設計のための気象データ

　建築環境設計に利用する気象情報として、拡張アメダス気象データがある。国内約 840 都市について、設計用データと標準年データの 2 種類が整備され、外気温と湿度、日射量、風向風速などの時刻変動値が得られる。

　図 1 に、栃木県内外 9 都市の設計用外気温データを示す。冷房用は盛夏期の蒸暑気候日、暖房用は厳寒期の乾燥気候日のデータが、過去 30 年間の気象観測値を統計処理して作られている。宇都宮の外気温は、夏冬ともに日較差が大きく、内陸気候の特徴を示している。設計用気象データの利用により、過酷気象に対しても良好な室内環境を保証する省エネルギー設計が可能となる。

　図 2 に、宇都宮を例に、標準年気象データのなかから外気温度と水平面日射量の時刻変動を示す。これは、過去 10 年間の気象観測値から、標準的な気候を 1 か月ごとに選び繋ぎ合わせて 1 年間のデータとしたものである。平均的な 1 年間のエネルギー消費量や室内環境の予測に利用される。

3　建築・設備の高性能化技術の省エネルギー効果

　図 3 は、透明シングルガラス窓のオフィスビルに対して、ガラスの高性能化、省エネ換気システム（排気・外気間の熱回収を行う全熱交換器、冷涼な季節に換気量を増やす外気冷房）の採用により年間空調熱量をどの程度低減できるかを、東京

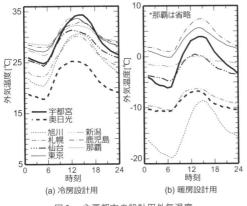

図1　主要都市の設計用外気温度

(a) 冷房設計用

(b) 暖房設計用

(ガラスの熱性能)
透明シングル：
　U=5.8, η=0.8
透明ペア：
　U=2.8, η=0.7
Low-Eペア：
　U=1.7, η=0.4
U：熱貫流率[W/㎡K]
η：日射熱取得率[-]

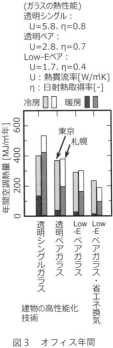

図3　オフィス年間空調熱量

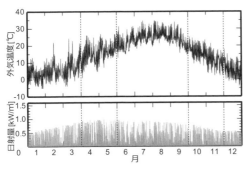

図2　宇都宮の標準年気象の時刻変動

と札幌について比較した例である。ガラスの熱性能は、断熱性を表す熱貫流率（内外温度差1Kのときのガラス通過熱量）と日射取得性を表す日射熱取得率（窓面日射量に対する室内侵入日射熱量の比）で表示できる。透明ペアガラスへの変更は、札幌に対して省エネルギー効果があるが、東京に対してはそれほど効果はない。断熱性、日射遮蔽性ともに高いLow-Eペアガラスは、両都市に適している。さらに省エネ換気システムを加えると、東京より札幌の空調熱量が少なくなる。東京の空調熱量を減らすには、庇やルーバなどを併用して日射遮蔽性を高めるとよい。

（郡　公子）

参考文献

日本建築学会編 2005『拡張アメダス気象データ 1981-2000』鹿児島 TLO

建築材料としての
コンクリートの製造と環境負荷

♀ keywords　環境　コンクリート　建築材料　地球環境　地域環境

1　コンクリートと地域・環境との関わり

　建築物は寸法が大きく一品生産である点で他の工業製品と大きく異なる。寸法が大きいと環境負荷やコストに直結する輸送エネルギーが大きくなるので、自然とその建築物が所在する地域に産出する資源を用いて建設することになる。また、寸法が大きいと寸法あたりの単価が低い材料が選定されることが多くなる。建築物は、他の工業製品よりも使用期間が長いという特徴もある。例えば、鉄筋コンクリート造オフィス建築物の寿命は 60 年程度（小松 2010：3）と推計されているが、工業製品の一つである冷蔵庫の一般的な使用期間は 15 年程度（みずほ情報総研 2013：13）である。このように長期に使用される建築材料には、地震などの荷重に耐える強度や、環境作用に耐える耐久性が要求される。

　日本という地域は、セメント等の原料となる石灰石資源が豊富である。この地理的な特長のために、比較的安価かつ安定的に大量のセメントを製造することができる。このセメントに加えて、水、砂利、砂という日本国内ならばどこでも入手しやすい材料からコンクリートは製造される。長年の研究によって、強度や耐久性のあるコンクリートを製造するための技術にも蓄積があり、国内に 3,000 以上ある製造工場でコンクリートを供給する体制が整っている。このような地域的な特長と技術的な蓄積によって、コンクリートは建築物に広くかつ多量に利用される材料となった。

　環境問題が顕在化しつつある現代においては、コンクリートに関わる環境影響も無視できない。セメント製造時には、石灰石の脱炭酸や焼成のために多量の二酸化炭素が排出される。日本国内だけで 8 千万 m^3 にも及ぶコンクリートを製造するために、骨材の原料となる岩石・砂資源が採取されている。建築物の施工時には、多くの重機等の稼働のためにエネルギー資源が投入され、工事作業のために粉塵等が発生する。解体時には、多量のコンクリートがらが排出される。この

がらは現状では道路の路盤材にリサイクルされているが、道路の新規建設需要の低下に伴って、再利用先の低下が懸念されている。以上のように、コンクリートが不可欠で代替が効かない材料であることを考慮しても、以上のような環境負荷を低減する必要性は明らかである。

2　コンクリートの環境負荷を低減する技術開発

　コンクリートの材料であるセメントは、製造時に二酸化炭素を大量に排出する。そこで、セメントを使用しない材料（ジオポリマー）（一宮 2017）や二酸化炭素を意図的に吸収させるコンクリートなどの研究開発が進められている。また、骨材の採取量削減や解体時に排出されるコンクリートがらの再利用を狙って、再生骨材と呼ばれるリサイクル技術も開発された。建築物をいつまでも解体せずに使用できれば、環境負荷は低減できるという観点から、高強度で高耐久なコンクリートの研究も盛んである。

3　環境負荷を低減する技術の社会実装

　環境負荷を低減させるためには、単に要素技術を開発するだけでは不足であり、その技術を社会に実装し、運用できるようにする必要がある。

　技術を社会実装する代表的な手段の一つは、技術の標準化である。具体的には日本産業規格（JIS）、国際規格（ISO）、工事の標準仕様書（例えば、建築学会のJASS）などの作成・開発がある。例えば、セメント分野では、ごみ焼却灰を使用するエコセメント（JIS R 5214）、コンクリート用骨材分野では、再生骨材（JIS A 5021 ～ 5023）などが標準化されている。また、コンクリートやコンクリート構造物に特化した環境マネジメントに関する国際規格（ISO 13315 シリーズ）も開発が進んでいる。このような社会的な仕組みをつくることで技術を適用できる環境が整備され、環境負荷低減の方法が社会に実装されることが期待される。

（藤本　郷史）

引用・参考文献

一宮一夫 2017「ジオポリマーの研究開発の現状」『コンクリート工学』Vol.55, No.2, pp.131-137

小松幸夫 2010「建物は何年もつか」財務省・PRE 戦略検討会

みずほ情報総研 2013「使用済家電 4 品目の経過年数等調査」報告書

M a

地域の素材

terial

　地域をかたちづくる物的な要素が素材である。

　地域は、もともと、地域でとれ、加工された素材でかたちづくられていた。地域で暮らす人々は、そこで手に入る麻や木綿で仕立てられた衣服を纏い、その土地の田畑でとれる穀物や野菜を食し、身近にある森林や鉱山から切り出された木や石で住居や集落を築いてきた。

　近代以降、素材の生産、流通の構造の変化に伴い、地域をかたちづくる素材が土地に拘束されなくなり、多様化していくなかで、地域の建物はコンクリートで築かれ、橋は鉄で架けられるようになり、地域の環境も大きく変化してきた。また、近年では、地震から人を守るための高度な耐震性能や、地球規模の環境問題への危惧から環境負荷の少ない性能といった、素材や素材でつくられた構築物に対する高い性能が求められるようになってきている。

　そうした高性能な素材がグローバルに生産、流通する社会システムが構築される一方で、食の地産地消や地域材の建物利用などローカルな素材の生産、流通も注目されている現代的な状況において、地域をかたちづくる素材をどのように考えるかは、地域デザインをするうえで、重要な視点のひとつである。

3-1

地産地消と地域づくり
新たな地産地消のあり方を探る

🔑 keywords　　地産地消　地域づくり　伝統野菜　生産者　消費者　インバウンド　農泊

1　地産地消って何？

　普段食べている食材が、どこで誰によって作られたものか考えたことがあるだ
ろうか。食品の流通が、広域に、そして大量になるにつれ、生産者と消費者の距
離が物理的にも精神的にも大きく離れてしまうこととなった。栽培される地域の
環境に適応し、伝統的に守られ続けてきた在来品種や伝統野菜などは、私たちの
食生活や嗜好の変化に伴い、その継承が途絶えてしまう懸念も生じている。

　「地産地消」は 1980 年代に誕生した言葉で、その地域で生産されたものをその
地域で消費することを意味する。フランスの「テロワール」、イタリアの「ス
ローフード」、韓国の「身土不二」などが同様の考え方や意味をもち、その地域、
ひいてはその国の食文化を保全する役割として期待されている。食の安全を揺る
がす問題が頻発する中、安全安心な食材への関心の高まりや生産者と顔の見える
関係を構築したいといった消費者のニーズを捉え、昨今、「地産地消」に関わる
取組みは拡大している。主な取組みとしては、直売所等での地場農産物の販売、
学校給食や観光施設等での地場農産物の利用などである。

2　地産地消と地域

　地産地消の効果として、①生産者と消費者の結びつきの強化、②地場農産物の
消費拡大による地域活性化、③流通コスト（環境への負荷）低減、の大きく 3 点
が挙げられよう。直売所で売られている農産物には、食品表示法で表示が定めら
れている名称や原産地表示のほか、義務表示ではない生産者の氏名を確認できる
ことが多い。生産者の氏名だけでなく、ときには写真も添えられることにより、
顔の見える、対話できる関係がつくりやすくなり、コミュニケーションを伴う農
産物として付加価値がつけられる。

　学校給食でも地産地消が進められており、学校給食における地場産物等の使用

割合は年々増加している（図1）。子ども達が住んでいる地域から、給食で使用する食材を調達して学校給食に提供するとともに、地域の生産関係者と子ども達の交流を促進させることにより、生産者の営農意欲が向上するだけでなく、子ども達の地域理解を促す教育的効果も期待されている。

図1　学校給食における地場産物等の使用割合
（出典）農林水産省 2019『平成30年度食育白書』p.53

3　これからの地産地消と地域づくり

　日本は人口減少社会に突入している。地産地消で地域づくりを遂げるには、地域住民を対象として地産地消することはもちろん、地域外の人を呼び込んでいかに消費してもらうかも鍵となる。例えば、インバウンド（訪日外国人）による伝統的な日本の生活文化体験や地域の人々と交流ができる「農泊」を通して、その地域で伝承されている食材や料理に触れれば、地域外の人による「地消」が進むであろう。

　食は身近なものである。身近であるからこそ、その価値に気付きにくい。その地域に住んでいる人にとっては食べ慣れたものであっても、地域外の人にとっては付加価値の高いものとなることもある。例えば、ローマ法王に献上された石川県羽咋市の「神子原米」は、スーパー公務員と呼ばれるキーパーソンの尽力により高付加価値がつき、当初の3倍以上もの価格で消費者が購入している。その食材にまつわる物語やパッケージデザインが購入のきっかけになりやすいが、食材そのものが消費者の嗜好を満足させなければ、継続した購入は期待できない。神子原米は、その価格に見合った商品価値があるからこそ、収穫された新米は予約でほぼ完売するという状況が続いている。そこには、「地産」に携わる生産者をはじめ関係者の惜しみない日々の努力があることも忘れてはならない。

（大森　玲子）

栃木県の伝統工芸と地域の素材

豊かな自然と人が生み出す地域の恵み

⚲ keywords 　益子焼　結城 紬　真岡木綿
<small>ましこやき　ゆうきつむぎ　もおかもめん</small>

　豊かな自然と文化に恵まれた栃木県には、「益子焼」や「結城 紬」など全国に
誇る工芸品がある。また、濱田庄司や島岡達三をはじめとする高度な技術を有し
た工芸士による創作活動は、生産地の知名度を向上させた。土や水、草木など地
域の資源を活用し、そこに暮らす人々によって作られた工芸品には、他の地域に
はない特徴を見出すことができる。

1　益子焼

　益子焼は、益子町、真岡市、市貝町、茂木町で生産される陶器である。茨城県
笠間の箱田焼の技法を学んだ大塚啓三郎（1828 ～ 1876）が、1853（嘉永 6）年に
益子の根古屋に窯を築いたことが起源とされ、後に黒羽藩が御用窯として生産を
奨励したことで発展をみる。

　益子の北郷谷、新福寺、大津沢などから採集した陶土に、芦沼の石の粉と灰から
作った釉薬（柿釉）を掛け合わせた水甕、味噌甕、片口、土瓶などの日用雑器は、
多くの庶民から愛用され、なかでも明治時代中期に皆川マス（1874 ～ 1960）が絵付
けした山水土瓶は、好評を博した（写真 1）。さらには、民芸運動家で後に人間国宝
となった濱田庄司（1894 ～ 1978）や島岡達三（1919 ～ 2007）らの活躍、イギリスの
陶芸家バーナード・リーチ（1887 ～ 1979）の普及活動などにより、益子焼は世界的
にも高い評価を得ている。1979（昭和 54）年には国の伝統的工芸品に指定された。

写真 1　山水土瓶（栃木県立博物館所蔵）

　近年は、伝統的な陶器が製作される一方
で、益子の風土や人に魅了された陶工が益
子に窯を築いて、芸術性に溢れる陶器を創
作する人もいる。毎年、春と秋に開催され
る益子大陶器市には、益子で焼かれた陶器
を扱う露店が軒を連ね、県内外からの来客
で賑わう。

2　結城紬

　結城紬は、栃木県小山市桑・絹地区、下野市南河内地区、茨城県結城市及びその周辺で生産されている絹織物である。現在は、高級織物の代表として知られているが、本来は玉繭や汚れ繭など生糸の原料としては適さない繭から真綿を作り、そこから手でつむいだ糸で織られた軽くて丈夫な、庶民の知恵から生まれた織物である。そのため、紬織物は、養蚕業が盛んな地域で広く作られ、主に自家用の普段着として着用されたが、結城紬の生産地のように特産品として発展した地域も見られる。

　糸は、綛あげ、整経、絣くくり、染色、糊付けなどを行ってから機織り機に載せるが、結城紬の生産地では、そのすべてを手作業で行う。そのなかでも「真綿から手でつむいで糸をとる」、「絣の模様を付ける場合は手くびりで行う」、「ジバタで織る」という3つの技法は、紬織の原点を示すものとして、1956（昭和31）年に国の重要無形文化財に指定された。また2010（平成22）年にはユネスコ無形文化遺産の代表一覧表に記載されるなど、世界的にも高く評価されている。

3　真岡木綿

　真岡木綿は、江戸時代から明治時代初期にかけて隆盛を極めた木綿織物である。1805（文化2）年の生産量は38万反に及び、当時の江戸では、「真岡」といえば、そのまま「木綿」を意味するほどのブランド力を有していた。

　真岡木綿は、ワタの栽培、糸とり、織り、晒しの工程を経た後に出荷される。このうち織りまでは、比較的温暖で、排水の良い沖積土壌に位置する茨城県筑西市、栃木県真岡市、益子町などの農家が担っていた。最後の晒しの工程は、真岡に店を構える「渋川屋」や「塚兵」などの問屋が行ったが、色にむらがない真岡木綿は、消費者から高く評価されていた。これは、塩素イオン濃度の高い野元川や芋葉用水の存在が大きい。

　明治時代になって、輸入紡績糸を用いた木綿織物が普及すると、真岡木綿は急速に衰退し、生産は一時途絶えた。しかし、1986（昭和61）年に真岡商工会議所が中心となり「真岡木綿保存振興会」が設立され、復興に向けた取り組みが進められている。現在は、真岡木綿会館で、伝統の技を見学、体験することができる。

（篠﨑　茂雄）

栃木から世界へ、世界有数の
地下空間群の有効利用への道のり

大谷石地下採石場群の活用とその課題

🔑 keywords　大谷石　採石地下空間　有効利用　安全と安心

1　大谷石と大谷石採石地下空間

　地質学的に大谷石（おおやいし）は、「軽石火山礫凝灰岩」に分類され、栃木県宇都宮市大谷地区で産出される日本国内に広く知られ使われている石材である。大谷石は、自然の淡い緑色の色合いをもち、和洋を問わず空間を演出することが可能な自然素材として知られている。また、加工性に優れている建築材料であり、天然ゼオライトを含有していることが確認されており、脱臭効果など、さまざまな効能も有しているとされている。大谷石は風化により変色、表面剥離などの変化を起こしやすいので、この特性と上手くつきあい、利用することが望まれる。この大谷石は、良質な石材を得るために地下採掘となり、その後に生まれる大谷採石地下空間が南北 6 km 東西 4 km の範囲に 200 箇所以上存在し、大谷採石地下空間群を構成している。1989 年から 1991 年にかけて大規模な陥没事故が発生し、これらの空間資源を有効利用する契機が失われた。それから 30 年を経て大谷採石地下空間の魅力を発信し、有効利用への動きが活発になってきた。しかしながら、これまで放置された空洞は一部を除き、雨水や地下水の流入により水没、荒廃の一途を辿ってきた。この大谷採石地下空間を空間資源として有効利用するには、その岩盤構造の安全性を調査（写真 1）や解析（図 1）等で保証することが重要で、これに加えて精神的な安心感を与えることも大切である。

2　大谷石の長期利用と採石後の広大な地下空間の有効利用の試み

　大谷石は、岩盤力学の分野でも実験に多く用いられる材料で力学的性質はある程度解明されている岩石のひとつである。しかしながら風化に伴う力学的な特性は不明なことが多い。大谷石を採掘した後の空間は、広大であり、空間資源として有望である。この空間を利用するためには、有効利用するための魅力の発信、

写真1　大谷採石地下空間の調査

図1　大谷採石地下空間の形状把握

これを裏づける安全性の確保および安心感の醸成が必要である。石炭掘削後に生まれた空洞は、公的な予算を投入しての対策が可能である。一方、大谷石の採掘は、私企業の産業活動なので、採石地下空間に公的な資金を投じてのサポートは難しく、安全を確保するだけの資金投入も難しい。そのために有効利用を一つのきっかけとして、これに安全性向上に結び付け、また、技術的な安全性だけではなく、これらの地下空間を利用する方々に精神的な安心感をもたらすことが期待される。これまで、（公財）大谷地域整備公社が97箇所に設置した地震計で常時監視し、変状の前兆現象を押さえてきている。これが安全管理のベースとなり、大谷採石地下空間群の安全性を保証している。このように完備された測定機構は、国内はもとより世界的に見ても例がなく、大谷の安全性を担保する優れた設備である、これによって大谷採石地下空間の日常的な安全性を担保し不測の変状を知らせるために役立っている。この測定機構を応用して、大谷地域や大谷石の岩盤としての動的特性を明らかにする研究が進められている。

3　おわりに──大谷モデルの世界への発信

栃木県宇都宮市の大谷地域で産出される大谷石は、石材として加工しやすい反面、風化による性質の変化を起こしやすい。この大谷石を石材として長く使い続けるために、大谷石の自然な色合いを残しつつ、風化と上手くつきあう技術開発が期待される。また、大谷石採掘のあとに生まれる採石地下空間を有効な空間資源として、新たな環境や商業活動に活かす企業を誘致し、そのための安全性、安心感を保障する仕組みを「大谷モデル」として確立し、国内から海外へと発信することが期待される。

（清木　隆文）

3-4

大谷石の建築のタイポロジーと町並み

🔑 keywords　　地域素材　大谷石　石蔵　町並み　類型学

1　地域素材としての大谷石

図1　宇都宮市内の大谷石建築が集中する地区

宇都宮市では、凝灰岩の一種である大谷石が産出する。火山灰が太古の海底で凝固して隆起したこの石は、軟らかく、多孔質で「ミソ」と呼ばれる茶褐色の斑点があるのが特色である。建築家フランク・ロイド・ライトが旧帝国ホテル（1932年）の設計に使ったことでも知られるが、現在でも大谷町で採掘が続けられ、建物の内外装材や加工品に使われており、市中心部の石蔵や北部の農村の納屋などに大谷石の建築を見ることができる（図1）。そこでは、石切や石工の職人が石を刻み、人々が石造の建物を使って暮らし、それらが蓄積して地域の風景ができており、過去から現在まで繋がる時間と空間の中で、地域の素材が息づいている。こうした地域特有の素材は、近代社会では経済効率から軽視され、どの町も同じような建物と風景になったが、これからの成熟した社会に向けては、地域の固有性や、素材の感性、地産地消の経済から再評価されている。

2　建築の類型学（タイポロジー）と町並み

建築は一軒ずつ敷地や住人が違うので、世の中に数えきれない建築のデザインが存在する。しかし、細部は違っても、例えば、三角の屋根がある建築は家の形に見えるように、大まかに「型（タイプ）」として捉えられる形がある。それは、特定の時代に対応する場合もあるが（これは普通「様式」と言う）、素材の扱いや、生活の仕方、地域の気候など、時代によらない諸条件によって共通する特徴をもつ場

合もあり、こうした型からデザインを捉える方法論を類型学（タイポロジー）と言う。地域の素材と暮らしを基にできている大谷石の建築には、この型を読み取ることができる。例えば、家の貴重な物を収納するため防火性の高い石を張る構法で作られた「2階建て張石蔵」や、農作業や道具の収納のために簡素な石を積む構法で作られた「平屋積石納屋」があり（図2）、それらのタイプが、街道や町なかに分布することで、複数の建物による町並みが形成されている（図3）。

3　地域の取組みと文化の構築

　こうした地域の素材をもとにした産業、建築、生活の重なりは、生きることと作ることの総体としての文化と言える。現在、採石場の跡地や石蔵の活用が取り組まれ、日本の他の「石のまち」との連携も進められている。宇都宮の大谷石の文化は日本遺産（文化庁）にも認定され、大谷石文化学の構築が進められている。

（安森　亮雄）

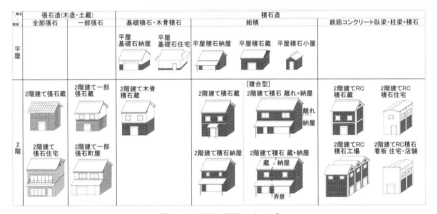

図2　大谷石の建築のタイプ

図3　大谷石の町並み（徳次郎町西根地区）

参考文献

小林基澄・安森亮雄 2019「宇都宮市中心市街地における大谷石建物の類型と断片的町並み」『日本建築学会計画系論文集』第 84 巻，第 756 号，pp.489-498

日本遺跡学会監修 2019『産業発展と石切場　全国の採石遺構を文化遺産へ』（安森亮雄「第Ⅰ部三、栃木県宇都宮市の大谷石——産業・建築・地域における生きられた素材」）戎光祥出版，pp.43-57

安森亮雄 2017「大谷石建物と町並みに関する類型学的研究　宇都宮市徳次郎町西根地区を事例として」日本建築学会計画系論文集，第 82 巻，第 740 号，pp.2733-2740

3-5

地域材を用いた建造物の耐震補強

大谷石建造物を中心に

🔑 keywords　地域材　地震被害　耐震補強　ガイドライン

1　地域材の活用・大谷石を用いた建造物

　大谷石は栃木県近郊で産出される凝灰岩系の石材で、密度が低く加工が容易なため、通常のコンクリートブロックよりも一回り大きいブロック状（例えば幅 200 mm ×高さ 300 mm ×長さ 940 mm）に整形され、組積造建造物に使用されてきた。耐火性、調湿性を有することから、蔵や塀などに用いられてきたが、近年、ギャラリーやカフェへの用途変更等が見られるようになっている。

2　大谷石建造物を保全・活用するための耐震診断・耐震補強

　地域材である大谷石を用いた建造物群は、素材の独特なテクスチャから、栃木県とその周辺の地域において個性的な景観を形成してきた。ところが、2011 年の東北地方太平洋沖地震では、大谷石を用いた石蔵や塀などの建造物の倒壊被害が報告されており（写真 1）（日本建築学会 2015）、被害を免れた建物も、老朽化等を理由に多くが取り壊されつつある。

　地震で倒壊した理由は（a）壁の目地の劣化によるせん断、引張強度の低下（b）面外曲げ方向の抵抗要素の不足（c）壁自体の量の不足などがある。

　宇都宮市は、大谷石建造物の耐震診断や耐震補強のためのガイドラインをホームページで公開している（宇都宮市都市整備部建築指導課 web サイト）。ガイドラインでは、大谷石建造物の耐震補強工法として、壁体自体を補修する方法、地震などの水平力に耐えられるような耐震壁を併設する方法、屋根などの鉛直力を代わりに負担させる骨組みを併設する方法、基礎を補強する方法、水平力がそれぞれの壁に均等に伝わるように床や梁を補強する方法等各種の補強法が提案されている。大別すると、（A）地震の揺れに対する被害を減らすために重量を減らす、（B）地震力を組積造以外の構造体で負担する（例えば写真2）、（C）組積造の壁体に均等に地震力を負担させる、という方法に分けられる。

写真1 大谷石建造物の地震被害
(出典) 日本建築学会 (2015) より

写真2 RCフレームで補強された大谷石建造物

写真3 大谷石壁体の面内せん断実験

3 大谷石の面内せん断性能の評価

　いずれの補強方法においても、まずは地震に対する壁の性能がどれくらいかを知る必要がある。既存の壁体の強度を知るためには、写真3のような壁の面内せん断実験が実施される。これまでに、壁自体の性能は主に石材間のモルタルの性能で決定されること、石材間に鉄筋やモルタルを用いたダボを挿入することも耐震補強として有効であることなどが実験によって検証されている（柴田他 2019）。

4 今後の展開・方向性

　耐震設計技術は、近年多くの地震を経験し、日進月歩で発展している。一方、古い基準で設計され、耐震性能が不足するものの、大きな地震に遭うことなく残ってきた建物も多くある。所有者と地域の人々で協力して、経済的状況、環境負荷の観点、文化の継承等の問題を考えながら、耐震補強や建て替え等の対策を実施していくことが望まれる。

（中島　昌一・増田　浩志）

引用・参考文献

宇都宮市都市整備部建築指導課 Web サイト「大谷石建造物の保全・活用のための耐震診断・補強ガイドライン」

　https://www.city.utsunomiya.tochigi.jp/_res/projects/default_project/_page_/001/016/236/ooyaisikenzoubutsu_guideline.pdf（2020.2.5 閲覧）

宇都宮市都市整備部建築指導課 Web サイト「大谷石建造物の保全・活用に向けた解説集」

　https://www.city.utsunomiya.tochigi.jp/_res/projects/default_project/_page_/001/016/236/ooyaisikenzoubutsu_guideline.pdf（2020.2.5 閲覧）

柴田勇聖・増田浩志・中島昌一 2019「せん断力を受ける既存大谷石組積造耐力壁の力学性状」、『日本建築学会構造工学論文集』Vol.65B, pp.215-220

日本建築学会 2015「東日本大震災合同調査報告 建築編 4」

3-6

栃木の橋

🔑 keywords　歴史的な橋　珍しい橋　耐候性鋼材

1　歴史的な橋と珍しい橋

　「橋」は全国いたるところに存在する。栃木県内においても大小様々な橋が存在し、地域の人々の生活を支えている。橋の話をするときに注目されるのは、新しい橋、逆に古いが故に歴史的に価値のある橋、形が珍しい橋、あるいは長い橋などであるが、最近は、社会基盤施設の老朽化や長寿命化の話題も多く聞かれ、橋梁はその点で注目されることもある。

　栃木県内において古い有名な橋と言えば、日光山内の入り口に架かる神橋であろう。初代の橋は、奈良時代あるいは室町時代に架けられたらしい木橋である。もちろん、何度も架け替えられているが、アーチ形の木橋の形を残している。

　栃木県内において架設年次などがわかっており、道路橋として利用された最も古い橋は足尾地域にある古河橋である。1890年に架設された鋼トラス橋であり、現在でも原位置に残る貴重な橋であるものの利用できない状況になっているのが残念である。同じ足尾地域のわたらせ渓谷鉄道には第二渡良瀬川橋梁（1912年架設）があり、真岡鉄道には五行川橋梁および小貝川橋梁（推定1894年製作）がある。前者の第二渡良瀬川橋梁はクーパー形と言われるトラス橋で利用されており、後者2橋もほぼ原形の鋼製ポニートラスとしてそのまま利用されている。ただし、五行川橋梁および小貝川橋梁はもともと国内の幹線鉄道で利用されていたものが1913年から現在の真岡鉄道に移設されたものである。

　架設年次が古いコンクリート橋としては那須烏山市の境橋がある。この橋は1937年に架設され、現在も道路橋として利用されている。この橋は3径間のコンクリートアーチ橋である。第二渡良瀬川橋梁以下の橋はこれまでに土木学会選奨土木遺産に認定されている。

　珍しい形式の橋としては、宇都宮市内の八幡山公園に架けられているアドベンチャーブリッジがある。これは、歩行者用の橋であり、鋼製補剛桁を有する吊り床版橋で、両側の橋台間にケーブルを張り渡し、このケーブルに鋼製補剛桁を取

り付けた床版橋と呼ばれる形式である。一般に、この形式の橋では、コンクリート製の床版を用いたものが多く架けられているが、鋼製の床版を用いているのは全国的にも珍しい。

2　橋の維持管理

栃木県は内陸に位置していることから、県内の橋梁は潮風の影響を受けない。この点は、鋼製の橋にしてもコンクリート製の橋にしてもありがたいことである。なぜならば、潮風によって運ばれてくる塩分は社会基盤施設にとって劣化をもたらす原因となるからである。つまり、適切な維持管理がなされていない場合、鋼橋では鋼材が、コンクリート橋においても内部の鉄筋が錆びて、それが橋梁の劣化につながる。上述のように橋梁は老朽化や長寿命化の観点から注目されているが、海に接している地域に比較して、建設後50年以上が経過しても比較的老朽化の程度が少ないと言われている。このような環境に位置する栃木県においては、以前より鋼橋においては、耐候性鋼材という材料を用いた橋梁が比較的多く建設されている。耐候性鋼材には、鋼材の表面が錆びることによって、それ以上の内部へのさびの進行を防ぐ性質がある。そのため、鋼橋において必須となる塗装の塗り替えが省略できる分、長年の使用時に維持管理コストを軽減できると言われている。この形式の橋梁として、野岩鉄道会津鬼怒川線の湯西川温泉駅付近に架設されている湯西川橋梁がある。同橋は1983年に建設されており、茶褐色の色を見せながら現在も利用されている。また、この形式の橋梁は宇都宮市内においてもいくつか見られる。ただし、栃木県内では特に、山間地域において冬季の凍結防止剤の使用が耐候性鋼材を用いた橋梁に悪い影響を与える場合もあるので、適切に対応することが必要である。

3　おわりに

栃木県や県内の市町では、国の施策により橋梁の長寿命化を図る計画が立てられ、実行に移されている。歴史的な橋梁にしても、耐候性鋼材を用いた橋梁にしても、その他、一般の橋梁にしても長年の使用に応えられるように適切な維持管理が求められている。

（中島　章典）

3-7

地震に強い橋

🔑 keywords　　免震　耐震　制震　歴史的な橋

1　地震国日本

　日本は世界でも有数の地震国である。地震は世界のどこでも起こるわけではなく地震帯と呼ばれるところで頻繁に発生する。日本列島周辺には、この地震帯が存在し、ごく一部の地域を除き地震を感じたことのない人はほとんどいないであろう。地震は大きく分けて、プレート境界型地震と内陸直下型地震の2種類があり、近年の地震を見ると、2011年の東北地方太平洋沖地震はプレート境界型地震、1995年の兵庫県南部地震や2016年の熊本地震は内陸直下型地震である。栃木県内においては県北部に位置する内陸断層である関谷断層がよく知られており、この断層が原因で過去には日光付近に被害が生じている。県内にはプレート境界型断層は存在しないが、関東や東北周辺で起こったプレート境界型地震によって、県内では被害も生じている。

　このような状況の中で、我が国では、橋を地震から守るために様々な技術開発や研究が行われている。橋を地震から守るための考え方として、耐震、免震、制震という"震"に関連するキーワードがある。耐震は、地震力に対して力で対抗して耐えることである。また、過去に建設した橋が、現在想定する地震に耐えられないことがわかった場合は、補強する必要があるが、この補強を耐震補強と呼んでいる。免震は、地震が発生した場合、その力を逃し免れることであり、一般的には橋を支える支承部分にゴムのような柔らかい材質を用いる場合が多い。制震は、制震装置を揺れる部分に用いて、地震から生じるエネルギーを吸収して振動を制御することであり、車に用いられるショック・バブソーバーのような装置が使用される。

2　栃木県における地震から橋を守る試み

(1) 晩翠橋　晩翠橋は、栃木県那須塩原市と那須町の境を流れる那珂川に架かり、1932年に架けられた橋である。鉄で出来ているため鋼橋と呼ばれ、アーチ橋と

写真1　晩翠橋

写真2　山あげ大橋

いう形式の橋で、上下2段のアーチをトラスで繋いだ構造である。これと同じ形式の橋は日本では2橋しかない。2002年に栃木県内では初めて土木学会選奨土木遺産に認定され、歴史的、文化的に価値の高い橋である。建設から80年以上経過し、橋の一部に著しい劣化や損傷が見られたため、補修補強工事が2011年から始まり2015年に終了した（蛯澤 2014）。補修補強工事では、劣化した部分を直すだけでなく、現在想定する地震に対しても耐えられるように、耐震補強もされている。

(2) 山あげ大橋　山あげ大橋は、那須烏山市内の国道294号バイパス沿いにあり、1992年に建設された橋である。地震力を逃す免震構造が採用され、高減衰ゴム支承というタイプの支承が使用された日本で最初の橋である（小林・兼子 2016）。高減衰ゴム支承とは、免震支承の種類の一つで、地震による橋の揺れを特殊なゴムによって減衰させる機能を持つ支承である。免震支承には、この他に、鉛プラグ入り積層ゴム支承や球面すべり支承が開発されている。

3　おわりに

日本は世界でも有数の地震国であり、栃木県には関谷断層が存在し、さらに、プレート境界型地震の影響も受ける可能性がある。将来想定される地震に対して備えるために、古い橋については耐震補強し、また、新設の橋については、耐震、免震や制震といった新しい考え方を導入していく必要がある。

（藤倉　修一）

参考文献

蛯澤隆行 2014「晩翠橋の補修補強工事について」土木学会関東支部栃木会第32回研究発表会、pp.1-6
小林英治・兼子一弘 2016「橋梁に用いられる免震用ゴム支承」『日本ゴム協会誌』第85巻，第4号，pp.131-137

地域における建築施工の高度化

1　近年の建築施工技術

　わが国には種々の構造形式の建築物があるが、なかでも鉄筋コンクリート造建築物は、耐震性、耐久性、耐火性などに優れており、わが国には欠かせないものである。その施工においては、コンクリートおよび鉄筋の工事が重要である。

　コンクリート工事については、練混ぜ直後のコンクリートを型枠内に流し込み、硬化するまで1か月間ほど待つ現場打ちコンクリート工法が一般的である。しかし、近年では、あらかじめ工場で壁、床、柱、梁などのコンクリート部材を製造し、建設現場でそれらを模型のように組み立てるプレキャストコンクリート工法が増えている。この工法は、安定した品質の確保、施工の省力化、工期短縮、型枠の削減による環境負荷低減などのメリットがある。都市部では、この工法が主流となりつつあり、高層建築物を建設する際には高強度化プレキャストコンクリートも利用されている。また、ハーフプレキャスト部材と現場打ちコンクリートを組み合わせたプレキャスト複合コンクリート工法も開発されている（写真1）。

　鉄筋工事については、複数のプレキャスト部材を接合する工程が重要となり、なかでも鉄筋どうしを接合する継手工事の良し悪しが構造物の安全性や品質を大きく左右する。鉄筋継手には、代表的な圧接継手（写真2）に加えて、溶接継手、機械式継手などの工法がある。いずれも、長年の研究によって技術が進歩し、さらなる品質向上の余地はあるものの、広く普及している。

2　地域における建築施工の現状と課題

　プレキャストコンクリート工法およびプレキャスト複合コンクリート工法については、都市部を中心に使われており、都市部から離れた地域ではあまり使われていないのが現状である。これは、大型の鉄筋コンクリート造建築物の建設が少ないことも一因であるが、地域の建築発注者や元請会社が最新の情報収集に積極

写真1　ハーフプレキャスト部材　　　　写真2　ガス圧接による鉄筋の接合

的ではなく、新技術を導入しようという気運が高まらないことが大きな原因と考えられる。

しかしながら、都市部から離れた地域の方が周辺状況に恵まれている場合がある。例えば、プレキャスト部材の製造においてはコンクリートを60℃前後で加熱養生する必要があり、特殊な設備を導入した工場でのみ製造が可能である。栃木県内には、プレキャスト部材を製造できる工場が5つもある。さらに、そのうちの2工場は高強度のプレキャスト部材も製造できる技術力を有し、全国でもトップレベルの製造量を誇っている。一方で、県内の工場で製造されたプレキャスト部材は、関東や関西の都市部に出荷され、県内で使われるケースは極めて少ない。

鉄筋継手工事に関しては、技術者によって品質が左右されるが、栃木県内には優秀な技術者を多数有し、全国的な継手会社認定制度において優良会社と認定された継手専門会社が存在する。

このように、栃木県内だけでも好条件が揃っており、都市部に負けない高品質かつ先進的な建築施工を実現できる可能性がある。

3　地域における建築施工の高度化に向けて

建築施工において、新技術の活用は都市部から始まるという構図があるが、地域でも先進的に新技術を導入して建築施工の高度化を推し進めることを望みたい。そのためには、地域の建築施工関係者の積極的な情報収集はもとより、大学側からの最新技術の情報発信も必要である。

（杉山　央）

環境に優しいコンクリート

🔑 keywords　　セメント　コンクリート　地球温暖化　産業廃棄物

1　はじめに

　皆さんの生活圏において周りを見渡してみると、コンクリートでできたものが沢山あることに気づくと思う。皆さんが住んでいる住居、学校の校舎、橋、道路などいたるところに存在している。それもその筈で、現代において人類が使用する材料で最も多量に使われるものが水だが、コンクリートは2番目に位置している材料である。このように多量に使われるコンクリートは、セメント、水、細骨材と称される砂、粗骨材と称される砂利の4つの材料から主として構成されている。ところがこのように多量に使用されるコンクリートだが、残念なことに自然環境に対してはあまり優しくない材料と認識されることが多いようである。それは、砂や砂利の採取が自然環境を損なうこともあるし、セメントの製造においては多量の二酸化炭素を排出してしまうことも一因と言える。一説にはセメント製造に排出されるCO_2量はセメント1トンあたり約0.8トンにも上るとされており、セメントの製造で排出される二酸化炭素の量は日本全体の排出量の4%を占めるとも言われている。そこで、近年我々はセメント、細骨材、粗骨材を産業廃棄物などで置き換えた環境に優しいコンクリートの開発に取り組んでいる。

2　セメントフリーコンクリートの開発

　セメントは水と反応することにより硬化して強度が発現する。これを水和反応と言うが、実は水和反応はセメントだけが起こすものではない。

　産業廃棄物の中にはフライアッシュというものがある。これは石炭火力発電所における微粉砕石炭の燃焼により排出された灰の粒子が、球形微細粒子となって電気集じん器に捕集されたもので、セメ

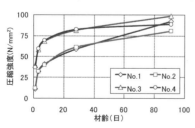

図1　セメントフリーコンクリートの材齢と強度の関係

ントと同じくらいの粒度を持った粉体である。また、高炉スラグ微粉末というものもあり、これは製鉄工場において高炉から銑鉄とともに排出された1500℃の溶融状態の廃棄物を冷却した後に粉砕し粉体としたものである。この2つの粉体は弱いながらも水和反応を起こすものである。我々はセメントを使わずにこれらの廃棄物のみでコンクリートを製造する技術について取り組んでいる。図1は、セメントを使わず、これらの廃棄物を用いて製造したコンクリートの材齢と強度の関係である。それぞれ、組合せと割合が異なるコンクリートだが、通常のコンクリートが $30\ \mathrm{N/mm^2}$ 程度であることを鑑みると十分な強度発現がなされていることがわかる。この研究は2010年に始めたものだが、この研究が嚆矢となり、いまや全世界で数多くの研究者が取り組んでいる。

3　各種産業廃棄物の骨材としての利用の研究

　コンクリートに使用される砂と砂利は天然の物が使用されているが、これは時として自然破壊をもたらす。そこで、天然砂の代替えに各種の産業廃棄物を用いる研究をしている。

(1) 下水汚泥溶融スラグの利用　一般に家庭などから排出される下水汚泥は焼却され、焼却灰が最終処分されているが、現在最終処分場がひっ迫している。この焼却灰はさらに溶融しスラグ化することで1/3程度まで減容される。このスラグ（写真1）をさらにコンクリート用の細骨材として利用する技術について取り組んでいる。

写真1　溶融スラグ

(2) 石炭ガス化溶融スラグの利用　石炭火力発電は通常、微粉炭機で粉砕した石炭をボイラーで燃やして発電する。これをさらに効率化させる技術として、石炭を高温でガス化して発電する技術が開発されている。この際に排出される溶融スラグを骨材として利用する技術についても取り組んでいる。

（藤原　浩巳）

自己治癒性を有するコンクリート

⚲ keywords　　自己治癒　維持補修

1　自己治癒とは

　硬化したコンクリートの品質はどの程度の力で潰れるかを数値で表し、"圧縮強度"として示すものがわかりやすい。この強度は、セメントと水の割合で概ね定まり、セメント中の鉱物と水が化学反応（水和反応）を生じ相互に結合し水和生成物を析出し、微細な隙間を順次埋めていくことで増進する。この反応では、セメント中の反応する可能性がある鉱物すべてが水と反応せず、一部が未反応状態で硬化したコンクリート中に残り、硬化後かなりの時間を経てもひび割れなどを生じその隙間から水分が侵入すると未水和の鉱物の水和反応により再び水和生成物の析出が進行する。幅の狭いひび割れであればこれを埋める程度の生成物を析出する場合がある。この現象は昔から知られており、自己治癒と称している。

　社会基盤や建築物のコンクリートは、適切な点検・メンテナンスを継続的に実施していれば、大きな損傷に至ることはないが、昨今の施設老朽化の原因となっている定期的な点検・保守管理が満足に行えない状態では、劣化初期では構造物の耐久性に影響を示さない程度のわずかな欠陥であったものを見落とし、気がついたときには致命的な欠陥になる可能性が高く、この場合の補修にかかる費用・時間は膨大なものとなる。また、補修などの処置を要する場合には構造物自体の供用を中断する必要も生じる。一方、自己治癒性を有するコンクリートは、劣化初期に生じた微細なひび割れをその自己治癒性により埋め戻す程度の効果を示すものであり、コンクリート構造物の点検・維持補修において省力化と経済性を発揮すると期待される。

2　コンクリートに効果的な自己治癒性を付与するためには

　使用材料としては、セメントのみでも自己治癒性を示すが、その程度はコンクリート構造物の供用期間に生じる種々の外力や劣化現象に起因する微細なひび割れを埋め戻すには能力不足であり、現実的にはコンクリート製造時にあらかじめ

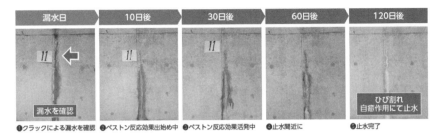

| 漏水日 | 10日後 | 30日後 | 60日後 | 120日後 |

❶クラックによる漏水を確認　❷ベストン反応効果出始め中　❸ベストン反応効果活発中　❹止水間近に　　❺止水完了

写真1　天然鉱物微粉末 "ベストン" を混和したコンクリート地下構造物における
　　　　自己治癒作用の現れ方の例
　　　（出典）ベストンホームページ　bestone-co.jp/self-treatment/（2020.3.2 閲覧）

混合が可能で、硬化時にはセメントなどの水和反応が概ね進み、十分に硬化した後でも水と接すると再び反応を生じるような材料を用いることが一般的である。先行事例としては、バクテリア等の生物反応を利用した事例、高強度コンクリートに近い小さい水セメント比とコンクリート混和材のひとつである膨張材を大量に使用した事例、膨張材・膨潤材料および析出物の結晶性を高める材料を混合した材料を用いる事例などがあげられる。現在の取り組みとしては、先行事例では問題となるコスト面などを考慮し、取り扱いの容易な天然鉱物微粉末を添加する方法およびセメント製造における中間生成物のクリンカーを細骨材の一部として置換・混和する方法に着目し、その自己治癒性および利用時の諸特性について検討している。

　現状ではいずれも微細ひび割れからの漏水を止めるレベル、もしくは寒冷地におけるコンクリート内部の水分の凍結・融解に伴う微細な内部損傷を数週間から数ヶ月の期間を経て修復する程度の能力を示している。写真に天然鉱物微粉末を添加したコンクリート地下構造物において、施工に起因する欠陥部より漏水を生じた部分が、自己治癒性により順次閉塞し漏水が止まる現象を示す。

　また、自己治癒性だけでなく、未混和のコンクリートと比較して優れた性能を示す要素もあるため、これらを明確にすることも期待される。

　持続可能性を有する開発を継続していくうえで問題となる構造物の維持・補修における対策として付与すべき性能として自己治癒性が取り上げられる可能性もあるため、今後も同種の研究を進めていく予定である。

（丸岡　正知）

Form an

地域のかたち

System

　地域を構成するためには、地域そのものをどのようにつくっていくのか、そこに住み働く人々がどのようなシステムを形成していくのかが重要となる。本章では、「地域のかたち」と題して、9 つのテーマを取り扱う。

　「複雑系社会を読み解く包括的まちづくり」では、複雑系社会を前提に、課題の断面的な解釈から複層的関係性の解釈を紹介している。そして、地域の中には都市や農村があり、これまでの変化や課題などが存在している。「農村社会の都市化」、「小規模・高齢化する集落」、「時代遅れな存在から、貴重な地域資源として再活用が期待される存在へ」として団地などの従来の地域のかたちを表すものから、現在進められているコンパクトシティなどを新たな地域のかたちとして「地域に活力を与えるスマートシティ」として取り上げている。

　そして、地域に住み働く人々のシステムとして、「地域の学びをひらく社会教育・生涯学習」、国際化が進んでいることから「地域コミュニティにおける多文化共生という覚悟」を取り上げ、地域で重要な公共施設について「地域の公共建築の多様性」として紹介している。また、地域のかたちをつくるシステムとして政治的な側面も重要であることから「中央・地方関係とまちづくり」を紹介している。

複雑系社会を読み解く包括的まちづくり
課題の断面的解釈から複層的関係性の解釈へ

🔑 keywords　**まちづくり　社会システム　都市・地域計画**

1　複雑系社会とは

　現代を取り巻く社会環境は、時間の流れ、生活を営む人々、または経済や国策、各種政策等の中で、日々刻々と変化している。広義のまちづくりは、都市や地域から建物や空間、またそれらの間にあるあらゆるスケールの環境に関する知識や技術に関連があり、同時に物理的環境のみならず、その環境を人々がどのように感じ、意味を見いだすかという心理的・生理的環境の総体でもある。さらに、その是非はともあれまちづくりは、社会や経済のシステムとも密接に関係し、事象が複雑に相互作用をもたらす複雑系社会の様相を呈している。複雑系とは、生物の生態から脳のメカニズム、または経済や社会現象に至るまでの、平衡と最適化を求めることが困難な事象の有様を指すが、複雑系社会のまちづくりとは、永続的に存在しうる可変性のある"まち"に対して、持続可能性の原則に基づいた終わりのない改善のプロセスとして"つくること"を継続することにある。

　学問体系としてのまちづくりでは、社会科学、工学（建築、土木）、地理学、経済学といった多くの学問として、これまで専門分化と専門性の深化が積み重ねられてきたと考えられているが、かねて学問の成果を活かした実践の場では、幅広い知識や技術を持ち、それらを包括的に展開する方法や能力が求められてきた。複雑系の様相を深める地域社会においては、単体の断面的な課題解決策ではなく、将来に向かって専門分野相互の連携と融合を念頭に、複層的な関係性を読み解く課題解決策が必要になると考えられる。

2　まちづくりに向けた読み解き方

　複雑系社会を前提としたまちづくりでは、意識や心理、人間工学から考えた人の行動、新規建設やストック活用による経済採算性や費用対効果の検証、医療や福祉等の政策との関連に基づく地域施設配置や地域の将来構想など、専門分野相

互の連携と融合が果たす役割は非常に重要な要素と言える。また地域の産業や資源を活かした地産地消のまちづくりという観点からは、建築材料や構法、エネルギー、施工方法など、様々な分野の知識や技術を有機的にアレンジし、包括的な見地からまちづくりを行う視座とスキルが必要でもある。

例えば、ある地方都市の公共施設の再編を主軸としたまちづくりでは、保育所や介護施設、障がい児・者施設、病院、診療所、小中学校といった生活基盤となる福祉・医療・教育サービスの提供のあり方を、自治体が捻出するコストや民間の活用などの経済的側面や、利用者となる子どもや被介護者の生活環境としての質、保護者や家族の利便性などに加えて、自治体が保有する他の既存建物のストック活用や、地場産の木材や石材などの建築素材を活かす計画、あるいは地域の歴史や文脈を読み解き計画に反映させるなど、あらゆる側面からの包括的まちづくりが求められている。またその計画を示す際には、足りないから増やす、ないからつくる、といった短期・短絡的な発想ではなく、地域分析に基づく精緻な根拠を示すことが重要であるが、将来的な都市・地域の姿をどのように方向づけるかといった長期的な信念も重要である。加えて、近年の防災・減災の気運や事前復興等の備えも重要視されている。

3　目指すべき都市像に向けて

わが国では、少子高齢化や人口減少が進み地域の人口構成や経済の構造が変化しつつある。今後、都市・地域ともに全体的な規模の縮小・縮退が進行し、社会的サービスが効率性や相互の関わりを強める中で、まちづくりは様々な課題を複層的に解決すべき包括性を強めるものと考えられる。またこのような相互に関連する一連の社会システムの構築は、世界的な成熟社会の到来や持続可能社会化に向けたまちづくりの観点からも重要であると考えられる。

地域の1つの課題の解決策を提示する場合、その解決策自体が他の課題とどのように関連するか、また類似する地域に有用であるかなど、複雑系社会の中での相対的立ち位置を検討することが、包括的まちづくりには必要不可欠である。

(佐藤　栄治)

参考文献

佐藤滋編著 1999『まちづくりの科学』鹿島出版会

農村社会の都市化

⚲ keywords　農業集落　混住化　集落機能

1　農村地域で進んだ都市化

　農村では過疎化も進行したが、「一方で都市的地域を中心に農業集落の領域内への多数の非農家世帯の流入による巨大集落の出現、増加」（田畑・大内 2005：350-351）も進んで二極化したのが実態である。なお、ここで「農業集落」というのは、農林業センサスにおける『農業集落調査』の対象であり、農家が存在していなくとも区域内に農地や森林等の地域資源が存在していれば対象となっている。ただし、2000 年までは定義が異なっているので、2000 年までの変化に 2015 年の現状を交えて論を進める。農村の都市化に伴う問題としては、生活環境への影響も指摘されるが、ここでは地域の社会的な機能、いわゆる「集落機能」について見ていく。集落機能についても、農林業センサスでは「農地や山林等の地域資源の維持・管理機能、収穫期の共同作業等の農業生産面での補完機能、冠婚葬祭等の地域住民同士が相互に扶助しあいながら生活の維持・向上を図る機能」と定義され、調査が行われている。

2　農業集落の変化と集落機能

　全国の農業集落に居住する総世帯数は、1960 年の 971 万から 2000 年には 2,882 万へと増加している。1 集落平均では、64 戸から 213 戸へと、3.3 倍になっている。その一方で、1960 年には集落内の 60％（39 戸）を占めていた農家が、2000 年には 7.5％（15 戸）という少数派になってしまった。1970 年には農家率が 80％以上の農業集落が全体の 50％を超えていたのに対し、2000 年には農家率 50％以上の農業集落は全体の 40％を切っている。

　とはいえ、2000 年時点で農家率が 10％未満の農業集落は全体の 19.6％（都市的地域では 56.5％）にすぎない。「農家率 10％未満の農業集落が総戸数 500 戸以上の巨大集落の 95％を占めると同時に……農家率 10％未満の農業集落の 1 農業集落当たりの総戸数は 807 戸」（田畑・大内 2005：350）という実態が平均値を押し

上げているのである。そして、都市的地域の農業集落の約3分の1はこうした巨大集落である。非農家が農業集落に大量に流入する場合、団地を形成することが多く、農業集落のなかに存在するが独自の自治会・町内会を別に組織している「行政区が別になっている非農家だけの集団がある」農業集落は2000年には全農業集落の11％を占めている（田畑・大内 2005：351）。

　一方で、巨大化しない農業集落でも農家は実数でも率でも減少している。それが集落の運営にどのように影響しているだろうか。農業集落調査では寄り合いの回数や議題も調査されている。その分析から、全世帯対象の議題として取り上げられるのは生活関連事項が中心になり、農業関連の事項は農家のみ対象という仕分けとなっている傾向が、指摘されている。さらに、非農家世帯の増加にもかかわらず農業集落の運営、活動は農家、農業が主の人によって担われる傾向も指摘されている（田畑・大内 2005：380-381）。

3　集落機能の維持・向上に向けて

　地域の運営や資源管理にかかわる負担が、数少なくなった農家に集中するのは、望ましい姿ではない。集落機能低下への対策として、地域での共同活動や連携活動を促すため、2000年から中山間地域等直接支払、2007年から農地・水・環境保全向上対策（2019年時点では多面的機能支払と環境保全型農業直接支払）が創設された。その成果として、活動を通じたコミュニティ機能が向上し、「地域が目指す方向についての話合い」や「子供が参加する地域活動」等が活発になった、と指摘されている（農林水産省 2017：12-13）。

　2015年農林業センサスの農業集落調査の分析からは、寄り合いの回数は増加傾向にあり、その議題としては生活面に関することの伸びが顕著であるものの、農業に関することも伸びていることが、指摘されている。地域資源の保全に取り組む農業集落の割合も上昇しているが、その際に他の集落や都市住民との連携も進んでいることが確認された（竹田 2018：228-235）。

（原田　淳）

参考文献

竹田麻里 2018「農村地域・集落の構造と動向」農林水産省編『2015年農林業センサス総合分析報告書』農林統計協会

田畑保・大内雅利編集担当 2005『農村社会史』農林統計協会

農林水産省 2017『多面的機能支払交付金の中間評価』

4-3

小規模・高齢化する集落

🔑 keywords　小規模・高齢化集落　関係人口

1　集落の衰退

　現在のわが国では、少子化や高齢化等の人口減少が進行している。特に農林水産省の定める「山間地及びその周辺の地域、その他地勢等の地理的条件が悪く、農業生産条件が不利な地域をいい、農林統計上用いられている地域区分のうち、中間農業地域と山間農業地域を合わせた地域」に該当する中山間地域では、過疎化が伝統的文化等の喪失、空き家や耕作放棄地の増加など様々な社会問題の要因となっている。今日では一般用語として「限界集落」があるが、そもそも「限界集落」とは、社会学者・大野晃が1990年代初頭に提唱した概念であり、「65歳以上の高齢者が集落人口の半数を超え、冠婚葬祭をはじめ田役、道役などの社会的共同生活の維持が困難な状態に置かれている集落」（大野　1994）が代表的な定義である。しかし、近年の農林水産省や総務省では、「基礎的条件の厳しい集落」、「維持が困難な集落」、「小規模・高齢化集落」と表現している。

　集落の衰退には、図1に示したように①から③までの段階があると考えられており、徐々に限界化していき、集落に居住する人口が0人の無人集落となる。無人集落になるまでの期間は集落ごとに異なるが、限界化していない集落でも災害やダム建設のために短期間で無人集落となる場合もある。

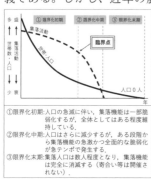

①限界化初期：人口の急減に伴い、集落機能は一部脆弱化するが、全体としてはある程度維持している。
②限界化中期：人口はさらに減少するが、ある段階から集落機能の急激かつ全面的な脆弱化が急テンポで発生する。
③限界化末期：集落人口は数人程度となり、集落機能は完全に消滅する（寄合い等は開催されない）。

図1　集落限界化の模式図
（出典）小田切（2014）筆者改変

2　統計からみた栃木県における小規模・高齢化集落

　小規模・高齢化集落は全国に多数あり、栃木県も例外ではない。2015年の「農林業センサス」（農林水産省発行）によると、栃木県における農業集落は3500集落あり、世帯数19世帯以下の小規模集落が166集落、高齢化集落が61集落、小規模・高齢

化集落は 34 集落確認できる。上述の集落は図2に示すように、多くが佐野市や鹿沼市、日光市などの県西のエリアである。

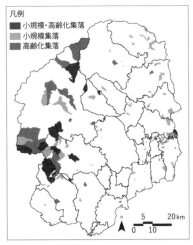

図2　栃木県における小規模・高齢化集落
（出典）農林水産省（2015）の統計より筆者作成

　栃木県北面部に位置する日光市では、少子化と人口減少により、小中学校などの統廃合が進んでいる。また、山間部では、人口減少により地元の祭り（獅子舞）が衰退したため、地元住民と市内の高校生ボランティアが協力し祭事を維持している。さらに、祭り以外にも地域の清掃活動や地元野菜作りなどを行い、伝統的文化や祭事の継承が行われている。

3　関係人口による地域支援

　人口減少下において、地方の中山間地域の集落への移住・定住者の増加には限界がある。そこで近年注目されているのが関係人口である。関係人口とは、移住した「定住人口」でもなく、観光に来た「交流人口」でもない、地域や地域の人々と多様に関わる人々のことを指す。地方の地域づくりの

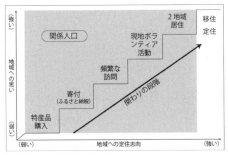

図3　「関係人口」の位置・関わりの段階
（出典）『日本農業新聞』2017年6月4日付「農村関係人口の可能性」より筆者改変

担い手不足解決のために、関係人口が地域づくりの担い手となることが期待されている。関係人口は、図3に示すように最終的には移住・定住を目標としているが、移住者・定住者にならなくても良い。定住することだけが地域の力になるわけではなく、他にもたくさんの地域支援の方法が存在する。

（葛原　希）

参考文献

大野晃　1994『現代山村の危機とその再生』『村落社会研究』30号，農山漁村文化協会

小田切徳美　2014『農山村は消滅しない』岩波書店

農林水産省　2015「農林業センサス」

4-4

団地──時代遅れな存在から、貴重な地域資源として期待される存在へ

keywords　団地　建替え、改修、リノベーション、コンバージョン

1　団地住まいは憧れだった

　ここでいう「団地」とは、集合住宅の住棟が複数建ち並んだ様態を表すものとする。団地は、戦後復興期に高品質・低コストに大量の住宅を供給するために、主に公的機関によって軍用地・工場等の跡地や、都市周辺の田畑・山林などを利用して、全国各地に作られた。高度経済成長期には都市部に集まる労働者の住まいとしてさらに数を増やし、都市郊外に大規模なニュータウン開発も行われた。

　火災や地震に強い鉄筋コンクリート造を採用し、食寝分離論や近隣住区論などの建築計画学的知見を具現化して、水洗トイレ・浴室・ダイニングキッチン・ベランダなどを取り入れた住戸、光と風が溢れる広々とした屋外空間、生活利便施設である団地センターなど、既存の木造家屋のまちなみと比べて近代的であり、団地は庶民にとって憧れの存在であった（写真1・2・3）。

　やがて日本が豊かになってくると団地以外の住宅の質が向上し、洗濯機やエレベータなどの新しい設備への課題、大規模で画一的な雰囲気、老朽化、住民の高齢化、治安の問題、庶民の戸建て志向などがあいまって、団地は相対的に魅力を下げることとなっていった。

2　団地の再評価とこれから

　2000年頃から、老朽化した団地の建て替えが相次いで行われ、庶民の住宅観の変化と都心回帰志向もあって、若い子育て世代には団地は魅力を回復してきている（写真3）。また、従来の団地の雰囲気は懐かしさもあって再評価され、「団地萌え」なる言葉も一般化した。さらに、数多くの団地を手がけるUR（都市再生機構）も団地を既存ストックと捉え、住戸改修、利活用の技術試行（ルネッサンス計画1、ひばりが丘（写真4）・向ヶ丘第一）、民間事業者によるコンバージョン（ルネッサンス計画2、多摩平（写真5））、「見なしサ高住」（集合住宅を住戸単位で

サービス付き高齢者向け住宅と認定するもの）への転換（ゆいま～る高島平）などの改修事業から、住民活動の支援まで、種々の試みを行っている。

　団地は、市街地のなかにあって豊かな屋外環境と大規模敷地という特性を今でも保持する、都市的に大変貴重な存在である。そのため、これからも都市の一部として新たな役割を担っていく可能性を十分に有していると考えられる。

（古賀　誉章）

写真1　古い階段室型の住棟（都営桐ヶ丘団地）

写真2　団地センター　大規模な団地では1階に商店等の利便施設が設けられた（光が丘パークタウン）

写真3　珍しいスター型の住棟の背後に建て替えられた高層棟（ヌーベル赤羽台）

写真4　ひばりが丘団地　ルネッサンス計画1　階段室型住棟のバリアフリー化、減築による耐震改修などのストック活用の施工実験

写真5　多摩平の森　住棟ルネッサンス事業　既存住棟を活かし、高齢者施設・シェアハウス・家庭農園などを整備

4-5

地域に活力を与えるスマートシティ

👤 keywords　コンパクトシティ　Society5.0　スマートシティ

1　都市のかたち

　都市は、人口増加期に郊外へ郊外へと広がった。特に、無秩序に広がるスプロール化が問題となった。その後、都市のかたちは広がったままで人口減少期に入った。都市では、人や店舗が減っていき空き地や空き家が増え、虫食い状態のスポンジの空隙のようになる都市のスポンジ化が問題となっている。

　拡散しスポンジ化した都市のかたちをそのままにしておくことにより、公共交通の維持の困難、中心市街地の一層の衰退、都市財政の圧迫などの問題が生じる。

　地方都市において、地域の活力を維持するとともに、医療・福祉・商業等の生活機能を確保し、高齢者が安心して暮らせるように、地域公共交通と連携して、コンパクトなまちづくりをコンパクト・プラス・ネットワークとして取り組むこととなった。国がコンパクトシティとして動き出したのは 2014（平成 26）年のことである。

2　コンパクトシティとスマートシティ

　都市において、核となる場所に人や店舗等を集め、複数の核を交通手段で連係させるコンパクト・プラス・ネットワークで、地方都市はコンパクトシティを実現しようとしている。コンパクトシティは、空間を集約しようという考え方である。ここに近年、"Society5.0"、"スマートシティ"が加わってきている。

　Society5.0 は、狩猟社会、農耕社会、工業社会、情報社会に続く新たな未来社会の姿として提唱された社会である。サイバー空間（仮想空間）とフィジカル空間（現実空間）を高度に融合させたシステムにより、経済発展と社会的課題の解決を両立する、人間中心の社会とされている。コンパクトシティがフィジカル空間であり、情報を対象としているスマートシティがサイバー空間である。つまり人口減に対応した都市をコンパクトシティとして実現し、さらに便利にするため

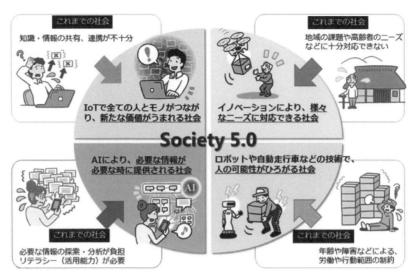

図1　Society5.0で実現する社会
（出典）内閣府 HP

に AI や IoT などの新技術と官民データをまちづくりに取り入れた都市をスマートシティとして実現することが求められている。

3　栃木で進められるスマートシティ

　現在、栃木県ではスマートシティの先行モデルプロジェクトが宇都宮市で行われている。国土交通省は 2019（令和元）年度に、新技術や官民データを活用しつつ、都市・地域課題を解決するスマートシティモデル事業を公募した。全 73 提案の中で、宇都宮市の官・民・大学から構成される U スマート推進協議会が提案した内容は、事業の熟度が高く、全国の牽引役となる先駆的な「先行モデルプロジェクト」15 事業のひとつに選定され、取り組みが進められている。

（長田　哲平）

参考文献

内閣府ホームページ　https://www8.cao.go.jp/cstp/society5_0/index.html（2020.2.12 閲覧）

地域の学びをひらく社会教育・生涯学習

🔑 keywords　社会教育　生涯学習　生涯教育　自己決定学習

1　生涯学習（生涯教育）とは

　生涯を通じた学習や教育の必要性についての考え方は古くからあるが、現代的な課題を踏まえて生涯教育論を展開したのはラングラン（Lengrand, P.）およびジェルピ（Gelpi, E.）である。

　ラングランは 1965（昭和 40）年・ユネスコの第 3 回成人教育推進国際委員会で「life-long integrated education」という考え方を提示した。これは、人の一生という時系列に沿った垂直軸と、個人および社会、すなわち学校や職場などといった生活全体にわたる水平軸を統合していくべきとするものである。その背景としては、急激な社会変容が進んでいたことがある。具体的には①加速度的変化、②人口の増加、③科学技術の進歩、④政治の領域における挑戦、⑤情報、⑥余暇、⑦生活様式と人間関係における危機、⑧肉体、⑨イデオロギーの危機、があげられている。補足するならば、⑦は従来の生活様式（例えば年上と年下、主人と従者、男と女、夫と妻といった関係性）が固定されている社会であれば、何らかの課題が発生したとしてもその解決策は蓄積された経験から見つけることができたが、変容が激しい社会では難しい局面も多くあるということであり、⑧は身体や性に関する表現がビジネスとして強調されすぎてしまっているということである。これを受けラングランは、現代社会がこのようなどちらともはっきりしない状況を取り扱わなければならないことを指摘している。

　ジェルピはその論を発展させ、国や地域によって貧富の差・機会の差が生じていることから、不平等な社会の積極的な変革を目指すための自己決定学習による主権者教育について論じている。これは労働者を科学や生産技術の発展、政治・経済・社会のなかで自己の専門性を位置付け、社会生活への積極的な参加者の育成を重視するものであった。

2　日本における生涯学習（生涯教育）と社会教育とその実践

　日本においては1981（昭和56）年の中央審議会答申「生涯教育について」のなかで、生涯教育と生涯学習の違いについて整理されている。生涯学習とは、「学習は、各人が自発的意志に基づいて行うことを基本とするものであり、必要に応じ、自己に適した手段・方法は、これを自ら選んで、生涯を通じて行う」ものであり、生涯教育とは、「国民一人ひとりが充実した人生を送ることをめざして生涯にわたって行う学習を助けるために、教育制度全体がその上に打ち立てられるべき基本的な理念」であるとされている。つまり、生涯学習は学習者自身について、生涯教育はその活動を保障する制度や支援者についてであるといえる。ただし、近年では「生涯教育」という用語はあまり使用されておらず、「生涯学習」にその意味を含ませているようである。

　社会教育の法的な定義としては、学校の教育課程として行われる教育活動を除き、主として青少年および成人に対して行われる体育やレクリエーションを含んだ組織的な教育活動のことであり、これと学校教育・家庭教育を統合した理念が生涯学習とされることもある。社会教育は主として成人の自由な教育・学習活動として発展しており、例えば公民館や生涯学習センターにおけるサークル活動、図書館や博物館などの社会教育施設における活動などをあげることができる。

3　これからの社会教育

　社会教育の実践では、公民館などの施設を中心とした活動だけではなく、地域における学び合い・支え合いに見られる学習活動も注目されてきた。また、法的には「学校教育以外」となっているが、実際にはPTAや学校支援ボランティアの活動、いわゆる「学校を核とした地域づくり」に関連した活動など、学校教育との境目を明確にすることは難しい。むしろ、それらの活動における学びが何であるかを明らかにし、その支援者をどのように養成していくか、支援する場をどのように作り上げていくかが課題となっているということができるだろう。

（若園　雄志郎）

参考文献
岩﨑正吾編著 2018『多文化・多民族共生時代の世界の生涯学習』学文社

地域コミュニティにおける
多文化共生という覚悟
災害時対策を通して見える内なる国際化の現状と課題

🔑 keywords　多文化共生　内なる国際化　地域コミュニティ

1　内なる国際化による「多文化共生」という覚悟

　「内なる国際化」という言葉で日本国内の国際化が問題視され始めたのは 1985 年頃のことである。それから約 35 年が経った現在、我々は「多文化共生」の名の下に多様性を基礎とする地域社会のあり様を模索し続けている。

　「内なる国際化」も「多文化共生」も単に精神的な美名ではない。それらは異質なものを前提として、互いに尊重し生かし合えるような、制度の構築、平等の観念の検討、学校教育を中心とする規範の批判的検討、地域社会の構成員としての市民性の開放、外国人を含めた社会関係資本の形成を、双方の努力によって創造しようとする実践的な取り組みを意味している。そして、これらの課題は外国人と日本人の間にあるものではなく、地域社会を構成する「我々」の課題である。

　国が移民への門戸を開かないなか、少子高齢化を背景に在留外国人は過去最高の 270 万人を越えた。現実はすでに、日本で生まれ育った外国籍をもつ人や、日本国籍であっても外国にルーツをもつ人の増加によって、法的概念に基づく区分では外国人と日本人を分けられないほど、多様な「日本人」を生み出している。「多文化共生」は、地域コミュニティにおける外国人受け入れの覚悟を迫る段階まできている。

2　外国人住民を含んだ災害対策の見直し

　近年増加する自然災害は、その人の社会的な属性や身体的な状態などを無視して、その地域にいるというだけの人々を突然襲う。もちろんそこには外国人住民や外国人観光客が含まれており、外国人を含めた視点から災害時の備えを見直すことは喫緊の課題である。その際、重要となるのは、外国人は支援されるだけで

なく、支援する者になれることへの意識である。在留外国人の半数は20代および30代が占めており（2018年12月末現在、在留外国人統計）、高齢化する地域だけでなく、外国人観光客など短期滞在者を支援する際の貴重な人材になり得る。また、阪神・淡路大震災で外国人住民の情報源としても力を発揮したコミュニティFMは、全国に330局（2019年10月現在）が設置され、災害時の有効な情報拠点となることが期待されている。日頃から外国人も視聴できるよう「やさしい日本語」や多言語での放送も必要である。

　栃木県宇都宮市の清原地区は、1990年初頭より比較的外国人住民の割合が高い地域である。1995年に外国人住民の生活支援を目的に地域住民によって立ち上げられた清原地区国際交流会では、2015年に外国人住民と共に災害時対応マニュアルを作成し、地区内全19自治会（2015年当時）に外国人住民の情報収集等を担う「地域担当者」を配置している。2018年にはマニュアルに基づき災害時対応訓練を開催するなど、外国人と共に暮らすことを前提とした地域づくりを行なっている。また、宇都宮コミュニティFMでは、宇都宮市の総合防災訓練で、外国人住民による多言語放送を行った。今後は外国人住民による番組作成や番組の多言語化も検討されている。

3　地縁型国際交流会の可能性

　清原地区国際交流会は、外国人住民に対する関心の強弱に関係なく自治会長や民生員、地区を担当する行政職員などを巻き込み、既存の災害対策を外国人住民を含んだ視点から見直す契機を創出した。同会は外国人との関連の有無に関わらずさまざまな地域行事に積極的に参加しており、他の地縁組織との信頼関係が厚い。県域や市域ではなく、地域コミュニティを対象とする国際交流会が地域の多文化共生推進に果たした役割は大きく、育成会や婦人会等に並ぶ新たな地縁型の組織の可能性を示した。外国人住民を含んだ地域住民が個々の力を地域社会へと繋げていくこと、そのための仕組みと日頃からの関係づくりが求められている。

（坂本　文子）

参考文献

坂本文子 2019「在住外国人の地域コミュニティ参加に向けた中間支援の役割と可能性——栃木県中核都市A地区におけるアクションリサーチ」『地域デザイン科学部紀要』第6号，pp.35-48

宮島喬 2003『共に生きられる日本へ——外国人施策とその課題』有斐閣選書

4-8

地域の公共建築の多様性

🔑 keywords　　**公共建築　地域特性　資源・ストック活用　市民参加**

1　建替え時期に差し掛かる公共建築

公共建築は、一般に広く公開され、不特定多数が利用できる施設である。民間が整備した公共性の高い建築や外部空間が含まれることもあるが、国や地方公共団体が整備するものが主に公共建築と呼ばれている。具体的には庁舎、公民館、図書館や文化・スポーツセンターなどが該当する。

各自治体で公共建築が多く建てられたのは、1960年代半ばから1990年代半ばころである。これらの公共建築は、どの地域でも概ね同様の規模と機能でつくられ、どこでも一定水準以上のサービスを提供してきた。しかしながら、築20年から50年を迎え、一斉に改修や建替えが必要となることが予想されている。建設当時と比較すると、市町村合併、人口構造の変化など社会環境は大きく変化し、国も地方公共団体も厳しい財政状況が続いている。このような背景のなか、当時と同じような形で建て替えることは現実的ではない。では、どのように地域の人々のサービスを担保するか、地域の人々のサービスを担う施設はどうあるべきか。それぞれの地域の特性を活かした多様な施設が建てられはじめている。

2　地域の公共建築にみる多様な実践

前節で公共建築の建替え時期が訪れつつあると述べたが、庁舎建築については既に全国的に建替えがはじまっている。これらの建替えに際して自治体が作成した基本計画をみると、地域の特性を踏まえた上で、施設の利便性、防災性に加えて環境性能を高めることが求められることが多い。このような計画にもとづいて建設された建物は、気候風土や地域資源などが特にクローズアップされることが多く、地域の伝統構法の採用、木材や石材などの地域材の活用、風景になじむような形状の工夫などがみられる。また、建物の配置計画や高効率機器、再生可能エネルギーなどの導入による環境性能向上の工夫もみられる。

公共建築はこれまで、ひとつの用途に特化して新築で建てられることが多かっ

たものの、上記のように地域の特性を活かした計画が求められる時流のなかで、地域の施設やサービスの実情に応じて計画される事例も増えてきている。

　ひとつの建物が複数の用途をもつ事例は、複合文化施設として知られるところであるが、近年では公共施設の再編にともない公共サービスへのアクセシビリティを低下させないために複合化する事例もみられる。このような事例には、新築だけでなく既存公共建築を活用するものも多く、機能集約のため別の建物に機能が移転した後も基本的な住民サービスに対応したり、図書サービスや市民交流などの文化交流スペースとして活用したりするものがみられる。

　また、既存施設の活用としては、公共建築だけでなく、民間建築を用途転用して活用する事例も増えてきている。例えば、栃木市では、商業施設の建物を改修し、1階は生鮮食品などを扱うテナント、2階以上を市役所庁舎として活用している。元々は百貨店であったが、閉店により中心市街地の衰退が懸念されていたところ、合併による行政施設の再編と旧庁舎建物の老朽化のため建替えや移転が検討されていた市役所庁舎を移転し、接地階を店舗とすることで、利便性とまちのにぎわいを提供している。

3　公共建築のつくり方から使い方へ

　このように公共建築の計画は変革期を迎えている。地域性を肯定的に捉え、地域の資源やストックを活かすように計画される公共建築が増え、多様性が生まれつつある。近年は市民参加が前提とされており、計画段階の市民ワークショップなどの開催が一般的となっている。こうしてつくられた公共建築をどのように維持し、使い続けるか。地域の実情やニーズに応える使い方ができるよう、行政、市民、専門家、様々な視点と知識が求められているといえる。

（藤原　紀沙）

参考文献

藤原紀沙・横尾昇剛 2019「新庁舎の建設計画における環境配慮 現代日本の新庁舎建築における環境配慮および環境性能　その1」2019年度日本建築学会大会（北陸）学術講演梗概集

4-9

中央・地方関係とまちづくり

🔑 keywords　　中央・地方関係　自律性　補助金　地方議会

1　地方自治体の自律性と中央・地方関係

　地方自治体の財政難が進み、多様性が重視される今日、地域住民のニーズを把握し、実情にあったまちづくりをしていくには、地域のことを地域で決める地方自治が進むことが重要となる。日本国憲法 92 条で示される地方自治の本旨は、住民自治と団体自治からなる。住民自治は、その地域の統治がその地域の住民の創意と責任によって行われることを意味し、団体自治は、国から独立した法人格を持つ国内の一定地域の公共団体が、地域における公共の事務を自らの意思と責任に基づいて解決することを意味する。この 2 つは、車の両輪の関係である。

　自治の程度を測る基準として、大森彌（2006）は、地方自治体に自治権がどの程度認められているかに着目する。自治権は、地方自治体が責任を持つ事務の量と、事務の内容と方法を自主的に決めうる程度を示す自律性からなる。つまり、事業を単に行うだけでなく自ら決定していることが重要であるとする。

　中央・地方関係について、天川晃（1986）は、集権・分権、分離・融合の軸を示し、日本は集権・融合型の特徴であるとする。集権とは地方に関する意思の決定をもっぱら中央政府が行い、地方自治体とその住民が自主的に決定を行う範囲は狭く限定されることを意味する。融合とは、中央政府の機能に属する仕事であっても、地方自治体の区域内のことであれば地方自治体がこれを負担し実施することを意味する。また、西尾勝（2007）は国の事務と分類される行政サービス提供業務が多いと指摘する。

　第一次地方分権改革によって、機関委任事務が廃止され、地方自治体が自らの判断で事務を行う幅は増加した。しかし、日本の地方自治体の財源状況を見ると、地方税などの独自財源が歳入全体に占める割合は、三位一体改革の後も 3 割であることは変わらず、いわゆる三割自治のままであり、中央政府からの地方交付税と補助金等に依存している。

2　まちづくりへの中央・地方関係の影響

　第一次地方分権改革後も地方分権改革は行われており、義務付け・枠付けの見直し等がなされ、地方自治体による自律性が全く高まっていないわけではない。都市計画においても、事業が機関委任事務から地方自治体の自治事務となり、また地方議会や住民の関与の余地も広がった。しかし、まちづくりを地方自治体の独自の判断だけで実施できるわけではない。国の法律は地方自治体で行う事業を規定している。例えばまちづくりでは、都市計画法や中心市街地活性化法などが関わるとともに、道路や公園、河川整備、地域公共交通の個別事業では、道路法、自然公園法、河川法、道路運送法といった法律が整備内容や実施の可否を規定する。

　また、地方自治体は先に示したように、国からの補助金に頼らざるを得ない。補助金を得るためには、国の定めた基準に沿った事業規模にする必要がある。近年、地方の規模に沿った道路整備なども出来るようにはなってきたが、基本的には補助金による事業は国の規定に沿って実施され、地方の実情に合った実施がされているとは言えない。また、補助金が獲得できる事業がニーズがあっても補助がつかない事業より優先される傾向も指摘されている。さらに、地方自治体が国からの移転財源に頼る状況は、地域住民が受益と負担を考え、行政サービスを選択し、自分たちの地域を自分たちで作っていくという感覚を生み出しにくい。

3　今後の課題

　地方議会は住民に身近な決定を行う場であるが、議員選挙の低投票率、議員のなり手不足からもわかるように、地域住民の関心は低い。地方自治体の自律性を高めるには、分権改革や議会改革とともに、住民の意識も考える必要もある。住民の中には地域を活性化させるために様々な努力している人々もいる。これをどのように広げていくかも今後期待される課題であろう。

（三田　妃路佳）

参考文献

天川晃　1986「変革の発想」大森彌・佐藤誠三郎編『日本の地方政府』東京大学出版会

大森彌　2006『官のシステム』東京大学出版会

西尾勝　2007『地方分権改革』東京大学出版会

Structure a

地域のしくみとつながり

nd Network

　しくみとは、物事の状態や結果を生み出す背景にある構造のことである。つながりとは、人と人の関係を示すものである。しくみもつながりも私たちの行動を規定すると同時にその行動の結果として作られるものである。地域のしくみとつながりを理解するために、これからの地域社会や事業のあり方を捉え直す視点として「公共政策における決定過程」「社会基盤整備」「バリアフリー」「福祉起点型共生コミュニティ」「在宅医療と看取り」。次に、人や組織が力を生かしあったり、地域資源を活用する新たなしくみとして「まちづくりプラットホーム」「エリアリノベーション」「地方中小企業の CSV」、そして、人と人の関係性を問い直す視点として「社会的相互行為」「パーソナルネットワーク」「ワークショップ」、といった 11 のテーマについて紹介する。

　地域のしくみとつながりで大切なことは、社会の変化に応じてつくり変えていかなくてはならないということである。大都市と地方都市、中山間地では生まれるニーズは異なり、おのずと対応法も異なるだろう。既存のしくみやつながりが十分に機能しなくなるなか、現状のしくみやつながりを分析する力、再構成する力が求められているのである。

公共政策における決定過程

🔑 keywords　　公共政策　政策過程　非決定　合意形成

1　公共政策の過程と課題

　政治社会における公共政策とは、大森彌（1981）によれば、社会次元の調整を超える争点ないし紛争に対して統治活動を施すことによって、その一応の解決を図る手段であり、この意味で社会の安定に関係付けられる統治活動の内容であるとされる。また、橋本信之（2003）は、公共政策を政府の諸活動およびそれらを方向付ける方針の両者を含めた総体としている。西尾勝（2001）は、政策について、政府がその環境諸条件またはその対象集団の行動に何らかの変更を加えようとする意図の下にそれに向けて働きかける活動の案としている。このように、公共政策とは、公共的問題を解決するための方向性、それに沿った具体的手段であり、多くの人が直接的、間接的な影響を受けるものである。

　公共政策（以下、政策）は、多くの場合、法律等の公式の公示形式として定められるが、1つの政策の構成が1つの立法形式になるとは限らず、法律、条例、予算など複数に反映される。また、政策は、抽象的な狭義の政策から、具体的な施策、さらに具体的な事業といった階層性を持っており、下位は上位の手段となり、上位は下位の目的となる。

　政策が実現される政策過程は、アジェンダ（（政府）組織、メディア、国民などに議論される事柄や課題のリスト）設定、政策案の立案・作成、政策決定、政策実施、政策評価といった段階を取ることが多い。政策は配分政策、規制政策、再分配政策など様々であるが、社会問題が全て政策として対拠されるわけではなく、政策として取り上げられない問題、合意に至らず途中で消えるものもある。

2　政策が決定・実施されないのはどのような場合か

　どのような場合に、政策が決定されない、実施されないのだろうか。政策過程の各段階で検討する。まず、非決定の場合である。ある課題について、政策の公式決定者によって検討を要する課題として認識されて顕在化されない、言い換え

るとアジェンダとして設定しない、アジェンダに乗せない操作を非決定という。また、政策立案・形成の段階では、課題を解決する適切なアイディアが提案されなければ先に進めないだろう。政策決定の段階では、政策の公式決定は議会で行われるため、政府を構成する政権党が議会の少なくとも一院において多数派を占めていない分割政府や、ねじれ国会の場合には、政府の提案が合意に至るまでに時間がかかったり合意に至らなかったりする。また、議会の少数派から提案された法案は否決されることが多く、少数派の意見が政策に反映されることは難しい。議会で可決されれば、公式決定となるが、政策実施段階で壁にぶつかることもある。例えば、道路整備やダム事業、基地や産業廃棄物処理場のようないわゆる迷惑施設の建設では、行政が事業を実施する際、地域住民から反対を受ける場合がある。できる限り多くの地域住民が納得する形で合意形成を図る必要があり、住民との合意に至るには時間を要する。合意形成とは、金井利之（2019）を参考にすると、意見表明を抑圧するような人為的介入が存在しない状況にあって、賛同しないという意思がみられない状態となることを指す。こうした合意形成に至らない場合には、事業を実施せず休止や中止を検討することも必要である。

3　多様性を反映した政策決定に向けて

　グローバリゼーションが進み、社会が多様化する中、政策に対するニーズも変わってくる。日本では、少子高齢化により政府の税収が減少し、財政難も進んでいる。既存の政策を続けるのではなく、時として見直し、政策転換によって制度を変更する必要もあろう。また、多様な社会、多様な意見を反映した政策決定を出来るように、議員や首長の選出方法など、政策に関わる決定方法を改善する必要もあろう。

（三田　妃路佳）

参考文献

大森彌　1981「政策」日本政治学会編『政治学の基礎概念』岩波書店

金井利之　2019『縮減社会の合意形成』第一法規

西尾勝　2001『新版 行政学』有斐閣

橋本信之2003「政策過程論」足立幸男・森脇俊雅『公共政策学』ミネルヴァ書房

社会基盤整備マネジメントの国際標準化

keywords　　社会基盤整備　　プロジェクトマネジメント　　グローバリゼーション　　国際標準化
環境社会配慮　　プロジェクト評価

1　社会基盤整備とマネジメント

　マネジメントは、社会で働いた経験がある人ならば、実務を通じて断片的ではあるが、その都度必要な知識を身につけられる。しかし、マネジメントは、プロジェクトの経験や記録に基づく知識や方法論に限らず、きわめて幅広い知識分野を含んでいる。品質とコストだけを取り上げてバランスよく調整すれば、プロジェクトが成功するわけではない。成功するには、総合的なマネジメントが求められており、プロジェクトの期限や品質、予算を満足して、顧客の要求事項に応えなければならない。プロジェクト自体は、日常発生するものから大規模開発まで非常に幅広いため、プロジェクトマネジメントは一律に扱えない要素を含んでいる。しかし、その技術や手法を理解し、それを自分の専門分野や仕事に適用すれば、新たな成果や価値を生み出すことにつながる。

　社会基盤整備は、大規模なプロジェクトが多く、地域や国家の歴史や社会、経済、人々の生活あるいは自然環境に多大な影響を与えてきた。プロジェクトの規模と複雑さ、関係者の数が多いことや利害関係が生じることにより、そのマネジメントが抱える課題も深く広い。社会基盤整備は、複雑なマネジメントを要する難しいプロジェクトの一つである。社会基盤整備の手法や資金調達はグローバリゼーションの影響を受けており、プロジェクトマネジメントも国際標準化が進んでいる。

2　マネジメントの国際標準化

　プロジェクトマネジメントは、知識の総合的な体系化に伴い、国際的に進歩している。欧米では、さまざまな分野から幅広く知識を集め、体系化し、科学的な手法も取り入れて国際標準化を進めている。例えば、アメリカのプロジェクトマネジメント協会（Project Management Institute, PMI）が発行している「プロジェクトマネジメント知識体系ガイド」（Project Management Body of Knowledge Guide）は、

2017（平成 29）年に第 6 版が出版された。PMI は、1969（昭和 44）年に設立された非営利の組織であり、世界各国でプロジェクトマネジメントの標準策定や PMP（Project Management Professional）資格認定、交流などを行っている。欧州や国連などでは、イギリス政府が開発したマネジメント手法 PRINCE2 が用いられている。

　プロジェクトマネジメントは、投入・工程（プロセス）・成果の流れで構成され、さまざまなツールや技法が工程に適用される。国内と海外の社会基盤整備マネジメントでは、用いる知識体系は似ていても、投入する情報や成果物としてのプロジェクトマネジメント計画書も異なる。そのため、海外で働く建設技術者は、国際標準化が進むマネジメントを理解し、実践しなければならない。

3　開発の課題と対策

　近年、国内外の社会基盤は、政府の財政負担を軽減するために、民間資本も活用して開発するようになってきた。そのためにプロジェクトの調達や契約の方式が変化している。途上国の社会基盤整備では、経済性だけでなく、ビジネスとして収益も得られるように、官民で適切に役割とリスクを分担し、官民連携で取り組む新たな方式が求められている。海外の建設工事では、現地のパートナーやワーカーと英語や現地語によるコミュニケーションや、契約などのリスクマネジメントに関する多くの課題を日本企業は認識している。国内で培ったマネジメント力を海外でそのまま用いても、さまざまな変更要求やカントリーリスクには十分対応できない。

　社会基盤整備にとって環境社会配慮との協調は従来からの課題であるが、近年、地球規模で環境への関心が高まっており、課題解決のために国際機関は、計画段階からその影響評価に取り組んでいる。環境に配慮した日本の政府開発援助による社会基盤整備は、現場では評価されても国内外の市民に十分には知られていない。プロジェクト評価は、開発を支援する側だけでなく、支援される側も参加し、結果を広く公開することによって、日本の活動や成果の広報に有効な手段にもなる。

（山岡　暁）

引用・参考文献

山岡暁 2017『マネジメント技術の国際標準化と実践』コロナ社

バリアフリーの交通まちづくり

♀ keywords　バリアフリー　交通　まちづくり

1　バリアフリーの交通まちづくりの考え方

　人口減少・少子高齢社会に直面する我が国において、全ての人が暮らしやすいまちづくりが重要である。本節では、交通計画の視点から、我が国におけるバリアフリーの交通まちづくりについて述べる。

　「障害を持つ人も持たない人も、同じように生活し、活動することができるような社会が本来あるべき姿であり、そうした環境整備を行う」というノーマライゼーションの理念に基づき、「障害のある人が社会生活をしていく上で障壁（バリア）となるものを除去する」バリアフリー、「あらかじめ、障害の有無、年齢、性別、人種等にかかわらず多様な人々が利用しやすいよう都市や生活環境をデザインする」ユニバーサルデザインのまちづくりが進められている。

　都市の交通計画は、身体的、経済的、地理的、立地、制度的条件により異なる個人の移動のしやすさを表す「モビリティ」と、活動機会へのアクセスのしやすさを表す「アクセシビリティ」を向上させることが目標となる。バリアフリーの視点からは、高齢者、障害者に加えて、けが人、重い荷物を持つ人、日本語に不慣れな外国人、妊産婦、子ども連れの人、子どもなど、移動制約者のモビリティとアクセシビリティを向上させることと言える。

2　バリアフリーの交通まちづくりの実践

　我が国では、戦後、高度経済成長期まで、バリアフリーの視点はなく、都市開発や交通施設整備が進められてきたが、1994年ハートビル法、2000年交通バリアフリー法、2006年バリアフリー法の施行により、急速にバリアフリー化が進展している。バリアフリー法では、公共交通事業者が車両や施設をバリアフリー化することが義務付けられているほか、市町村が交通結節点を中心に徒歩圏を一体的にバリアフリー化する「バリアフリー基本構想」を策定することに努めるものと定められている。移動制約者、公共交通事業者、道路管理者、交通管理者、

商工関係者、行政、学識経験者など、多様な関係者が一堂に会して、まち歩きワークショップなどを通して、基本構想づくりを行っている。

　以下に、バリアフリーの交通環境整備について、「歩行環境」、「公共交通環境」、「私的交通環境」の 3 点から整理する。

・**歩行環境**：歩者分離による安全性確保、歩者共存道路、交通結節点での垂直移動の容易性と連続性の確保、歩道の凹凸解消、透水性舗装等により、安全、安心、快適な歩行環境の整備が進められている。「道路の移動等円滑化整備ガイドライン」では、歩道は有効幅員 2 m 以上、縦断勾配 5% 以下、横断勾配 1% 以下、横断歩道との接続部では車道との段差 2 cm を標準としている。

・**公共交通環境**：障害者割引、高齢者パスやチケットなど経済的支援の他、車両の改良（ノンステップバス、フリースペースの設置など）、鉄道駅等旅客施設における段差解消（エレベーターやスロープの設置）、視覚障害者誘導用ブロック敷設、多機能トイレの設置等のハード整備が進められている。また、コミュニティバス、デマンド交通、スペシャルトランスポート、BRT（Bus Rapid Transit）、LRT（Lisht Rail Transit）など多様な公共交通が登場している。

・**私的交通環境**：安全で運転が容易な自動車の開発、道路構造や線形の見直し等のハード整備、安全運転講習、運転免許自主返納制度等のソフト施策が進められている。また、ICT（情報通信技術）や AI（人工知能）を活用したパーソナルモビリティ等、新しいモビリティも登場している。

3　今後の課題

　我が国のバリアフリーは、ハード整備の点では、先進諸国の中で最も進んでいると言われているが、海外諸国と比較すると街の中に移動制約者を見かける機会が少ない。その一因として、我が国では人々のバリアフリーに対する理解、すなわち「心のバリアフリー」が不足していると考えられている。例えば、歩道上や点字ブロック上の駐輪、移動制約のない人による多機能トイレやエレベーターの占拠、ベビーカーで公共交通を利用しにくい環境などの問題が起きている。都市の公共空間における多種多様なバリアフリーデザインの意味を、移動制約者を含めて全ての人々が理解することが重要であり、そのための情報提供、教育、啓発が求められている。

（大森　宣暁）

商業が衰退した後の地域を支える、福祉を核とした「ごちゃまぜ」のくらし

🔑 keywords　　福祉起点型共生コミュニティ　ごちゃまぜ　地域の核

1　商業が撤退した後のまち

　少子高齢化でまちの人口が減って需要が縮小すると、商売が成り立たなくなって大きなショッピングセンターやスーパーは撤退していく。少ない需要でもやっていける個人商店がその時点までに淘汰されていたら、もう地域には店はなく、住民は遠方まで出かけていかなければならなくなる。住民も転居すればよいのだが、慣れ親しんだ場所を離れたがらない人も多い。

2　最後の砦としての福祉事業

　そんな状況でも、最後まで地域に残りサービスを続けるのが「福祉事業」である。そこで、地域を支える最後の砦として、福祉事業を核としたコミュニティのあり方を考えたい。福祉施設があれば、そこには一定の雇用が発生し、給食やリネンなど物資の供給も必要である。例えばそれらの物流を周辺地域にも開放して享受できるようにすれば、地域を支えていくことができるはずである。

　一方、福祉事業のほうも、少ない需要で持続可能なようにしていかねばならない。対象者が多ければ、こども・高齢者・障碍者と対象者別に細分化して専門家が対応することが合理的であったが、考え方を変えて、複数の種別の対象者を一緒に処遇し介護することで、需要を厚くすることができる。また、対象者のほうも、介護を受けるだけではなく、できることを活かして役割を担うことで生きがいや収入を得ることも可能である。

　福祉が、対象者を区別なく受け入れ、できる範囲で働いてもらい、地域産業も担い、ともに助け合って暮らしていく。この状況は「ごちゃまぜ」と表現されるが、実はそれがコミュニティの当たり前の姿なのではないだろうか。

3　キーワードは「ごちゃまぜ」

　福祉における「ごちゃまぜ」は、1990年代頃からいくつか試みられている。「富山型デイサービス」は、対象者を限定しないことで圏域を広くせず、身近で充実した福祉サービス拠点を形成している。また、「ゴジカラ村」に代表される愛知たいようの杜の一連の取り組みは、里山の雑木林を理想とした多世代共生コミュニティを標榜し、皆に役割がある社会を目指している。

　さらに2000年代に入って、福祉の枠内だけでなく地域コミュニティにまで「ごちゃまぜ」を広げているのが、石川県を中心とした「佛子園」の取り組みである。病院跡の広大な敷地に、高齢者・障がい者だけでなく学生などの住処やお店を誘致してまちを作った「シェア金沢（2014）」が有名だが、きっかけは「三草二木西圓寺（2008）」だという。廃寺を活用し、障碍者・高齢者のデイサービスだけでなく、地域の日常の場所として喫茶と温泉を設けた。結果、人の関わりが密になり地域の世帯数と人口が増加するという効果を生み（10年間で55→75世帯）、福祉が地域の核になりうることを示した。

　その後も佛子園はまちに開いた特色ある拠点を生み出している。「美川37Café（2012）」では、駅の待合室と多目的ホールの指定管理の受託をうけて、地域の人が集まれる場所を創出した。「三草二木B's行善寺（2015）」では、介護予防をかねたフィットネスを設け、マイカップを置いていつでも使える住民自治室をあえて2階に設けて、周辺住民を施設の奥に引き込んでいる。さらに、「輪島KABULET（2018）」では、地域の空き家を活用して改修し、まちなかに拠点を点在させることで、まちごとごちゃまぜにし、住民だけでなく観光客もまちの一部として取り込もうとしている。

（古賀　誉章）

参考文献

雄谷良成監修，竹本鉄雄編著　2018『ソーシャルイノベーション――社会福祉法人佛子園が「ごちゃまぜ」で挑む地方創生！』ダイヤモンド社

5-5

栃木県における
在宅医療と看取りの現状と課題

⚲ keywords　　在宅医療　看取り　超高齢多死社会　多職種連携　地域共生社会

1　病院死から在宅死へ──変化する日本の医療

　一般に 75 歳を過ぎると介護を要したり命に関わる病気の頻度が高まる。団塊の世代が 75 歳となる 2025 年頃から日本は人類史上類をみない超高齢多死社会に突入する。社会構造が変化する中、現存の病院だけではもはや受け皿となりきれない。一方で日本人の死に場所は病院が圧倒的に多く、8 割が病院死で 2 割弱が在宅死である。このままいくと病院で対応できない患者や要介護者で町は溢れかえり、無縁死や孤立死が国内で年間 3 万人を超えるとも推測される。このような将来を見据え、国は在宅看取りを推進する方向に舵を切った。ここでいう在宅とは、自宅以外にも介護保険施設や有料老人ホームが含まれる。つまり病院以外にも最期の場の選択肢を増やそうというねらいだ。簡単なようで難しく、まずは在宅医療のできる医師（在宅医）や看護師が必要である。医学の進歩は目覚ましく、長寿をもたらしたと同時に複数の病気を抱えた高齢者も増え、全人的に診れるジェネラリストを育てなければならない。自宅や施設で看取れるよう福祉や介護の専門職も育てなければならない。病院で死ぬのが当たり前と考える住民意識も変えなければならない。受け皿となる住まいや制度など環境を整えなければならない。そこで国は地域包括ケアシステムを唱えた。自治体が中心となり、住まい、生活支援、医療、介護、予防などを一体化し、包括的な支援をしようという取組みである。

2　多職種・多機関が連携することで在宅看取りは実現可能となる

　20 世紀の医療のゴールが治癒だったのに対し、21 世紀の医療のゴールはQuality of Life（生活の質、QOL）である。自分らしく最期まで暮らしたいと望む人たちも増え、これを支えるのが在宅医療である。中でも末期がんに対する在宅緩和ケアはこの 10 年で体系化された。余命の予測は的確となり、在宅医が医療的麻薬を上手に使い、訪問看護ステーションを上手に活用することで、自宅で最

期まで暮らすことが可能となった。これまで在宅では難しいとされてきた難病や心不全など非がん疾患の在宅看取りについても今後システムが確立されるであろう。在宅看取りを推進するためにも、緩和ケアでは麻薬で疼痛を軽減させることが世界標準であることを専門職にも住民にも知ってもらいたい。今後増加する一人暮らしの方を在宅でどう看取るかは、どこの地域でも課題となっている。独居の場合、医療を施す以前に買い物、調理、洗濯、入浴など生活全般の支援を外部の誰かに頼まなければならないからだ。通常はケアマネジャーによるケアプランのもと訪問介護が中心に支援し、ショートステイやデイサービス等の介護保険施設を利用しつつ、在宅医や訪問看護などの医療者が関わるが、切れ目のない支援となると難しい。このように在宅看取りを実現するには、多職種・多機関が連携し、本人と介護者を支える体制ができるかがキーとなる。

3　ビジョン——自分らしく地域で暮らしていくために

　栃木県には先進的な在宅医療を実施し全国的に有名な診療所がある一方で、県内診療所の2割程しか在宅医療を行っていない現状がある。その背景には、開業医の高齢化や24時間体制の負担、緊急時の後方病院の確保、訪問看護ステーションが少ない、県北の厳しい地理的状況、介護職や住民の知識不足、医療介護連携が不十分など様々な要因がある。これに対し栃木県は医師会、看護協会、薬剤師会、病院協会、歯科医師会、保健福祉センター、自治体等が手を組み方向性を打ち出している。一般診療所が在宅医療をできるよう研修会を開催し、複数医療機関のチーム化による24時間体制確立に向けて働きかけ、医療介護連携充実のため多職種連携勉強会が頻繁に行われている。「とちまるネット」と「どこでも連絡帳」を活用したICTによる医療介護連携は「栃木モデル」と呼ばれ全国に先駆け突出した取組みである。自分らしく地域で暮らしていくために本人・家族・専門職で最期の過ごし方について話し合う「人生会議」も現場ではじめられている。一方で在宅看取りの前段階として、独居や孤立以外にも老々介護、ダブルケア、認知症、8050問題、高齢者虐待など多様で複雑化した事例が増えていることが地域の課題だ。一専門職ではどうすることもできず、制度の垣根をとっぱらい、専門職の垣根をとっぱらい、支え手と受け手の垣根をとっぱらい、相互に見守り助け合う共生社会を目指した地域づくりの実現が期待される。

（鶴岡　浩樹）

5-6

まちづくりプラットフォームのデザイン
新しいニーズに応答する場と組織

🔑 keywords　ニーズ　自治会　NPO　居場所　つながり　関係性の質

1　まちづくりプラットフォームとは

　まちづくりとは、理想のまちや暮らしの実現に向けて共通するニーズに応えることである。そしてプラットフォームとは駅の列車の乗降場を指す。つまり、まちづくりプラットフォーム（以下、プラットフォーム）は、"共通するニーズに応えるために、人やもの、お金、情報などが効果的に集まり、バリアなく再配分される機能を持つ地域の中の場、あるいはそうした機能を担う組織"と捉えることができよう。プラットフォームには、自治会、商店会などの地縁型の組織、NPOなどのテーマ型組織、この他に、組織は作らずにプロジェクト方式や運営委員会方式で、特定の目的のためにネットワークを作り活動するものもある。

2　現代史と二つの展開

　現代のプラットフォームの特徴を時代のニーズとともに確認する。高度経済成長期の1960年代前後には、主婦層を中心とする消費者運動、被害者などによる公害反対運動や環境保全運動があった。それらは「抵抗・告発」といった活動の特徴があった。自治会や町内会は、会員会費制、対象範囲の限定、世帯加入などのルールをもとに組織化され、祭り、環境美化、防犯・防災などの分野で活発な活動が繰り広げた。その後、1970〜80年代になると地区や公園の計画、防災などの分野において、住民参加型のワークショップが盛んに行われるようになる。この頃のプラットフォームの役割は、多様な人たちが既存の組織や立場を超えて集い、意見交換する「参加と対話」の支援が重要であった。1990年代から2000年代は、1998年の特定非営利活動促進法（NPO法）の施行もあり市民活動が活発化する時代である。自発性、非営利性、公益性などの活動特性を持つ。このようにプラットフォームは、組織化、そして参加や対話の技術を発展させながら、また制度的な担保を得ながら新しい形を生み出してきた。

次に、今日のプラットフォームの特徴を2010年前後以降に急速に広まっている2つの取組から確認する。(1)居場所づくり：家庭や職場ではない第三の居場所づくりに取り組むものである。コミュニティカフェや○○サロンと言われるものがその代表例である。アメリカの社会学者オルデンバーグが著書「The Great Good Place」（1991）でサード・プレイスを紹介したことでその存在が広まった。ここでは、これまでにない交流やつながりが生まれると同時に、非公式な出会いや会話があり、それが市民社会、民主主義、市民参加を育む上で重要であることを指摘している。コミュニティカフェで出会った人たちが、サークル活動やまちを活性化するイベントを開催したり、防災などのまちの課題解決に取り組む例もある。(2)既存組織の再編：小学校区程度の生活圏において、自治会をはじめ地域の様々な団体が合流して協議会形式の組織をつくるものである。担い手不足などにより一つの団体では実現できなかった事業やプロジェクト（祭りの開催、地域食堂やガソリンスタンドの経営など）を実現する。内閣府が特に中山間地域において設立を進めている「地域運営組織」（2018年度末時点で4700団体以上）が代表例である。

3　つながりの作り直しと関係性の質の変化

上記(1)(2)の2つに共通する点は、"つながりを作り直す"ことである。前者は個々人のつながり、後者は団体間のつながりを対象としている。つまり、これまでに培ってきた技術や組織、あるいは慣習では対応できないニーズがあり、これまでとは異なるメンバー間、組織間のつながりや協働が必要ということである。そしてそこでは、さらに、人や組織同士の［関係性の質］をより良くしていくことが重要である。マサチューセッツ工科大学組織学習センター共同創始者のダニエル・キム「成功循環モデル」が参考になる。良い関係が作られると［思考の質］にポジティブな変化を生み、それが［行動の質］を上げ、最終的に［結果の質］も良くなる。一方、結果の質を問うことから始めると、そこに集うものたちの関係性の質が低下し、そのことが思考と行動の低下を招き、自ずと結果も低下するというものである。つまり、今日のまちづくりでは、早急に課題解決を求めるのではなく、新しいつながりと、そこに集う人や組織の関係性の質の向上が重要なのである。それが創造的なアイデアと解決策を生み出す。

（石井　大一朗）

5-7

日常生活の舞台に選ばれる
界隈となるために

🔑 keywords　エリアリノベーション

1　エリアリノベーションとは？

　エリアとは、ここでは界隈とよばれる徒歩圏（直径300m程度）の範囲。リノベーションとは単なる大規模改修ではなく、価値転換・再価値付けを図ること。つまりエリアリノベーションとは「界隈の再価値付け」を意味する。

2　宇都宮市もみじ通り界隈での事例

　もみじ通りとは、栃木県内では有数の高級住宅街にある元生活商店街である。2007年に商店街は解散、住宅街は高齢者単独世帯や空き建物が並ぶ界隈となっていた。

　2010年に、筆者自身のオフィスと自宅をそれぞれもみじ通りに移転するに当たり、ここが仕事含めて「生活をする場所」になることに気づいた。そこで自身の日常生活の「近くに欲しい」をあげてみることにした。ごはん、コーヒー、スイーツ、お惣菜……。しかも当然美味しいものを、と勝手に欲望を挙げていくうちに、何よりもそれを担う「プレーヤー」＝自営業仲間が近くにいることになることが、自身の家族・スタッフが充実した生活を送り続けるために魅力的であり必要なこととも感じた。実現の手段はシンプルに「欲しいを言いふらす」。その後カフェ、服飾店、ドーナツ店、総菜店が1～2年間で開店し、2019年までには18店が集積する界隈となった（図1）。

　この集積は、当社のメンバーがグッとくる個性的な物件だけを紹介する、不動産セレクトサイト「MET不動産部」の存在があったからだと捉えている。これらの物件に興味をもつこだわりの強い出店希望者＝プレーヤー候補者が自然と当社に相談に来る、そこでもみじ通りを知る、という流れができたことは大きい。また、筆者がこの界隈での「少し先輩」として存在することが、新たなプレーヤー（外部者）が既存住民のいる界隈に入り込むことへの窓口として機能するこ

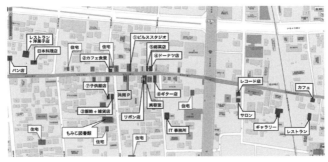

図1　もみじ通り界隈

とになった。またその紹介の際には先述の欲望も3者で共有し、「毎日ここで過ごす生活者」としての基本的な欲望の共感をスタートに賃貸化できたことも、継続的関係を保つために必要な作業であった。

　エリアリノベーションに大切なのは、ともにめざすべき「界隈の将来像」。基本的に当社のプロジェクトでは初期段階で絵を描き、それを関係者に共有することを必須としている。しかしもみじ通りのように当社が常にここに居る状況の場合、あえて絵を描かず、ひとりのプレーヤーが増えるたびに緩やかにかたちが変わっていくさまを楽しんでいる。唯一気にしていることは、既存住民のつくり上げてきた界隈の質を大きく変えないこと。そこに影響が出そうなときには、日常ここにいる筆者が、都度その要因に方向修正をしていくことができると考えている。

　それなりに店舗が集積し、界隈の流れも見えてきた2019年に民設民営のもみじ図書館を開館した。これも自身の「近所に図書館が欲しい」という欲望の賜物だが、新規店舗を利用する既存住民が、お客様でなく生活者として過ごせるような界隈の共有スペースである。様々なキャリア・知識・経験をもつ既存住民がプレーヤーとして過ごせる舞台になればいいなと考えている。

3　今後の方向性

　すでに突入している縮小社会では、ただ物件の価格競争で他エリアとプレーヤーの取り合いをするのではなく、「ここでしかできない生活」が明快な界隈づくりを、「そこにすでにある価値」を見つめ直して進めていくことが、新たなプレーヤーにとって魅力的で継続的な利用価値をもたらすと考えている。

（塩田　大成）

地方中小企業の CSV

🔑 keywords　　地方　中小企業　CSV

1　CSV とは

　CSV（creating shared value）は、共通価値創造と訳される。地方の地域活性化において中小企業の発展は不可欠である。ここでは、そこに CSV が有効であることを事例とともに確認する。CSV は、Porter & Kramer の論文「共通価値の戦略」（ハーバードビジネスレビュー、2011）により広まった企業経営の概念である。それは、「企業本来の目的は経済価値を創造しながら社会価値も創造するという思想である。つまり本業として利益を上げながら同時に社会課題解決や顧客のニーズに応えていく」ことが目指されている。企業にとっては、地域経済や社会状況に貢献しながら、自らの競争力を高めるということである。地域とともにある中小企業の経営方針とその実践の見直しにおいて不可欠な視点である。他方、CSR（corporate social responsibility）は、企業の社会的責任と訳される。「責任」という言葉に現れるようにステークホルダーに対して自社の健全性、透明性を説明する最低限の取組と捉えられる。 日本の企業では CO_2 削減、植林など「環境保護」に関する活動が多い。

2　CSV を実行に移す 3 要件

　CSV による企業と地域社会の健全な関係を作り出すために 3 つの要件が示されている。(1) 製品と市場の見直し：企業は消費を刺激する製品やサービスを優先し、健康被害や環境汚染を拡大していないか。健康や環境を改善するという社会の基本ニーズに応えているのか。つまり、経済価値と社会価値の両者に利益（共通価値）を生み出しているのかといった視点である。こうした視点を深めることは、企業は地域社会の中で何のために存在しているのかといった企業理念を揺るぎないものにする。(2) バリューチェーンの再定義：企業内の活動における、資源の調達・製造・販売・マーケティング、そして人事・技術開発・企業インフラ（通信やエネルギー供給など）が構成要素であり、これら一つひとつの社会への

貢献度と自社競争力の向上との関連を分析し、見直すことである。例えば、材料の調達先を見

図1　配置図

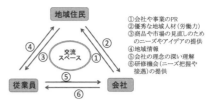

①会社や事業のPR
②優秀な地域人材（労働力）
③商品や市場の見直しのためのニーズやアイデアの提供
④地域情報
⑤会社の理念の深い理解
⑥研修機会（ニーズ把握や接遇）の提供

図2　交流スペースによるCSV促進の効果

直し地産品とすることで輸送コストが抑えられ環境負荷が軽減した。さらに、それが消費者の心を掴み売上が上がったり、従業員の新商品の開発意欲が増すといったものである。(3) 地域社会におけるクラスター形成：クラスターとは生産性の向上やイノベーションのために、企業が拠点を置く地域に、関連企業やサプライヤーなどが地理的に集積することを指す。中小企業の場合は、大企業のように自らの生産工程のサプライチェーンを生かした集積を作り出すことは難しい。一方で、地域の中で他の中小企業や地域組織等とネットワークを形成し、共同で人材研修をおこなったり、地域人材を確保したり、商品開発やモニタリング調査を行うなどの顔の見える関係をベースとした活動が展開可能である。

3　地域住民との交流スペースを活用したCSVの展開

　地域社会に根ざした中小企業が、事業性を最大限に発揮して地域社会と自社の発展を担う事例を通して、要点を確認しよう。栃木県内の古い街道沿いに事業所のある建設業H社の取組である。事業所の打ち合わせスペースが変容し、地域住民との交流スペース（カフェ、貸し会議室、クラフト品の販売、寺子屋などの機能をもつ）（図1）となり、そこが社員の人材育成ほか多様な機能を生み出している。"地域住民との交流スペースを持つことによる中小企業CSVの促進"という新しい視点を持つ事例である。交流スペースは地域社会におけるクラスター形成のきっかけを作り出すとともに、身近な地域において新しい顧客を掘り起こすという観点ではマーケティングの見直しとなり、また優秀な地域人材の確保も可能にするなどバリューチェーンを見直すことにも役立っている。交流スペースを通した、地域住民・事業所従業員・会社、これら3者の関係とそこで生まれる効果を表すと図2のようになる。業種により得られる効果に差はあるが、空間的なゆとりのある地方においてCSVを促進する方法として期待できるだろう。

（石井　大一朗）

社会を構想するための
相互行為のデザイン

⚷ keywords　　相互行為　優先組織　認知症ケア

1　相互行為のデザインと優先組織

　私たちが生きている地域社会を、始源的な次元で規定しているもの、それは人々が取り交わす相互行為に他ならない。それゆえ地域社会をもっとも深い水準で分析する時、相互行為のあり様、すなわちそのデザインに注目する必要がある。

　相互行為のデザインの中で、地域実践において特に有用なものに「優先組織」があげられる。相互行為においては、構造的に優先される行為の組み合わせが存在する。たとえば、「誘い」に対しては「受諾」が優先され、「拒否」は非優先的である。「評価」に対しては「同意」が優先され、「非同意」は非優先的である。重要な点は、こうした「優先組織」は、単に研究者が指摘しているものではなく、社会に生きる私たち自身が志向しているという点にある。実際、優先される行為は、すぐに、単純に、そして直接的な形の発話デザインで産出されるのに対して、非優先的な行為は、遅れて、複雑に、そして間接的な形の発話デザインで産出される（Pomerantz 1984；串田ほか 2017）。

　「日曜日、映画見に行かない？」と誘った時に、相手が沈黙したり、言い淀んだりする時に、私たちはそれを拒否の前触れとして聞くことができる。それは、こうした優先組織から、その振る舞いを「非優先的な応答の特徴」として理解しているからなのである。優先組織は単に他者を理解するために用いられるだけではない。そもそも相手の応答が優先されるような形に発話をデザインすることもなされる。たとえば、こちらの提案に乗り気ではない（非優先的応答の特徴を示している）相手に対して、続けて私たちは「あ、都合悪いかな？」と、その質問に同意することが、最初の提案に対する拒否になるように、優先構造を組み替えたデザインの発話を行うことがある。

2 優先性の交錯と認知症ケア

　ところで、こうした優先組織の内部において、複数の優先性が交錯する場合がある。「自己卑下」がその例である。「自己卑下」は評価の一種であり、評価とは「同意」が優先的であり、「非同意」は非優先的なはずである。ところが「自己卑下」に同意することは、相手を貶めることでもあり、それは社会的に望ましいことではない。この時、話し手による自己卑下に直面した聞き手は、ジレンマに直面することになる。

　たとえば認知症ケアの現場で、認知症の高齢者は混乱しながら「私ももう呆けた」と嘆きを発することがある。この時ケアの担い手は、しばしば「大丈夫ですよ、しっかりしてますよ」という受け答えをする。それは本人が直面しているつらさを和らげるために、相手の自己卑下を否定し（非同意をして）その場をやり過ごす、「かわしのケア」である。一方で、ケアの担い手はそうした態度が誠実さに欠けると思い悩むことがあるのだ。

　ところが近年、認知症の高齢者のそうした嘆きに対して、「そうですね。それがあなたのしんどさですね。でも呆けてしまうこと、物忘れをしてしまうことの何が悪いのでしょう」と、あえて、その自己卑下に同意しつつ、社会的な望ましさ、それ自体を反転させていくようなケアの試みも現れている（出口 2016）。そのことは私たち自身が、相互行為のデザインをどのように生み出すかということ自体が、私たちが地域をどのようにデザインし、この社会をどのように構想するかということに直結していることを示すものであるだろう。

（中川　敦）

参考文献

Pomerantz, A., 1984, "Agreeing and Disagreeing with Assessments: Some Features of Preferred / Dispreferred Turn Shapes", Atkinson, J. Maxwell and J. Heritage（eds.）*Structures of Social Action: Studies in Conversation Analysis*, Cambridge: Cambridge University Press, 57-101.

Schegloff, E. A., 2007, *Sequence Organization in Interaction: A Primer in Conversation Analysis I*, Cambridge: Cambridge University Press.

串田秀也・平本毅・林誠 2017『会話分析入門』勁草書房

出口泰靖 2016『あなたを「認知症」と呼ぶ前に――〈かわし合う〉私とあなたのフィールドワーク』生活書院

人口減少期のパーソナル・ネットワーク

keywords　パーソナル・ネットワーク　中山間地域　地域福祉

1　パーソナル・ネットワーク研究の視角

　私たちは、親族、友人、部活やサークルのメンバー、SNS でつながりのある人物など、さまざまなパーソナル・ネットワーク（以下、「PN」という）を形成している。ただし、私たちが把握できる PN は、ほんの一部分であり、全体像を俯瞰することは困難である。PN 研究は、目に見えない関係性を可視化・定量化し、PN が持つ力を探求するところに面白みがある。

　人と人との関係や個人と集団あるいは組織間などの社会システムを構成する関係性を総称する概念としてソーシャル・ネットワークがある。パーソナル・ネットワークはその下位概念に位置づけられ、個人が他者と結ぶ関係に限定される（森岡 2000）。PN に関する調査や研究の多くは社会学の分野で取り組まれ、特に都市化が PN に与える影響について深く掘り下げられてきた。さらに、PN がソーシャル・サポートとしての機能を持つことが明らかとなり、政策論においても重要視されるようになっている。

　PN の特徴を探る手法として、グラフ理論を用いたネットワーク分析がある。PN をノード（点）とエッジ（線）で描画することで、ネットワークの緊密性やコミュニティ（凝集性）、孤立者、ネットワークの中心人物などを可視化および定量化することができる（ネットワーク分析の例は次節で示す）。

2　中山間地域におけるパーソナル・ネットワーク

　本項のテーマに据えられた「人口減少期」において、人口減少と高齢化が進行する中山間地域では、生活基盤のみならず、その地域に住む人と人のつながりの構造、言い換えると PN の持続性さえも問われている。都市を対象としたさまざまな PN 研究とは対照的に、農山漁村を対象とした PN 研究は少ない。都市に比べて農山漁村では人のつながりが濃密であるという私たちの先入観はさておき、過疎化の進む中山間地域ではどのように PN を形成しているのか。

図1は、中山間地域の自治会で生活する高齢者のPNをグラフ理論により表現している。ネットワークを描画するためのデータは、高齢者の戸別調査で日常的に付き合いのある人物の名前をすべて挙げてもらうことにより

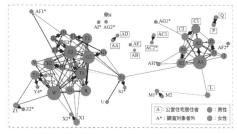

図1　自治会のパーソナル・ネットワーク

得られたものである（野原ら 2018）。ノードの大きさは関係を持つ他者の数を表し、エッジの太さは接触頻度の高さを示している。ネットワーク分析により、自治会は2つのコミュニティに分けることができ、コミュニティの中心人物（中心性）を把握することができる（WとA1）。また、2つのコミュニティを接続している人物（S1とA1）を識別することができる。さらに、自治会内には孤立傾向にある高齢者が確認でき、特に公営住宅に居住する高齢者に多いことがわかる。

3　パーソナル・ネットワーク研究の展開

PNを含めた人間関係に関するこれまでの調査研究の多くは記述的な分析によるものである。前節で示したように、PNを可視化・定量化することは、PNを構成する人物の行動がネットワークに及ぼす影響を捉えることができる。具体的には、人間関係を詳細に調査することによりPNの全体像を把握することで、何らかの事情により既存のネットワークに変化が生じたときに、地域のなかで孤立する可能性を持った人物を事前に察知することができる。また、自治会内において新たなネットワーク形成を促し、ネットワークを強化するような仕組みを検討する際のツールとして使用することも可能である。こうしたPNに関する調査分析手法が、福祉的支援の担い手不足が課題となる現代において、今後、積極的に活用されることを期待する。

（野原　康弘）

参考文献

野原康弘・佐藤栄治・中村哲也 2018「中山間地域における人的ネットワークの強さと健康指標との関連性に関する研究」『都市計画論文集』53（3）, pp.1036-1042

森岡清志編 2000『都市社会のパーソナルネットワーク』東京大学出版

5-11

地域デザインとワークショップ

keywords　L.ハルプリン　ワークショップ　参加　相互作用

1　まちづくりとワークショップ

ワークショップとは、学校教育、環境学習、芸術活動、企業研修など多方面で活用される手法であり、参加体験、双方向性を特徴とする学びと創造のスタイルである。アメリカの都市デザイナー L. ハルプリン（1916 ～ 2009）は、まちづくりにワークショップ手法を用いて発展させた一人である。彼は多民族国家アメリカの都市公共空間のデザインで、ワークショップを効果的に用いて市民参加によるデザインという新たな分野を切り拓いた。

ここでは、ハルプリンにならい、ワークショップを『参加者のもつ感覚や記憶、知識・経験などの諸情報（資源）を総動員しながら、ある目的のために事前に用意されたプログラムに従った共同作業や共同討議を行い、新たな共通認識を形成したり創造的なアイデアを構築して、目的の達成に近づく意思をもった参加の場』としておく。

2　まちづくりワークショップ

ハルプリンのワークショップ手法は、日本に 1970 年代末に紹介された。その具体的な実践は、パイオニアである故藤本信義氏（宇都宮大学名誉教授）により、1980 年 2 月に雪深い山形県飯豊町で村の将来計画づくりをテーマに行われた。

その後、ワークショップは都市のまちづくりに適用されるようになる 90 年代に一気に広まった。多様なプログラムが開発され、さまざまな場面に用いられた。県内でもワークショップが用いられたデザイン事例は多い。筆者が関わった那須塩原市のコミュニティ公園づくり（写真 1、2）では、子どもと保護者という二世代の地元住民が参加し、複数回のワークショップにより整備案をまとめた。これを踏まえ、行政による実施案作成を経て事業化している。

3 ワークショップのねらいと効果

　まちづくり、あるいは広く地域デザインの現場で用いられるワークショップの意義は、要約すれば、クオリティ（質）、エンパワーメント（主体性）、パートナーシップ（協働）とまとめられる。住民が事業化のプロセスに参加することで、住民のニーズに即したデザインが実現し、利用者としての自覚と責任が生まれ、行政との協働が進展する。住民自身の自主的活動も生まれる。先に紹介した公園は、地元でしっかり管理されている。ワークショップを通じた住民にもたらされる実際の成果である。

　こうした意義は、ワークショップを進めるプログラムの考え方に由来する。ハルプリンの考え方はＲＳＰＶサイクルのプロセスで示される。参加者が持ち寄る資源（R）にもとづいて指針（スコア）（S）を定め、行動（討議、作業）（P）と評価（V）を行う。このプロセスを参加者で共有し、参加者間の相互作用により次のサイクルへと螺旋状に討議、作業を深める。これにより新たな創造的、革新的アイデアを生むことが期待され、参加者（住民、行政担当者等）に主体性（我が事意識）の醸成をもたらすのである。

4 ワークショップの留意点

　ワークショップはデザインの方法であり目的ではないが、容易に形式化しやすく、陳腐なデザインを生みかねない。住民参加の免罪符としても使われやすい。自主的な学習、先進地視察、資料収集などによってワークショップに持ち寄る資源を豊かにし、明確な目的と意欲的なプログラム、参加者の準備の下で開催する必要がある。

（三橋　伸夫）

写真1　公園づくりワークショップ
（那須塩原市、1991 年）

参考文献

木下勇 2007『ワークショップ——住民主体のまちづくりへの方法論』学芸出版社

中野民夫 2001『ワークショップ——新しい学びと創造の場』岩波新書

写真2　15 年後の公園

Local life c

Chapter 6

地域の暮らしと産業

nd Industry

　現代社会において人々の暮らしが成り立つには経済的基盤が必要であり、それを支えるのがその地域の産業である。また、広域流通が発達する近代以前は、その地域の産業が生み出す産物によって、そこに住む人々の暮らしは形づくられてきた。

　高度経済成長以降、急速に産業構造が変化し、広域流通の進展もあって生活スタイルはすっかり近代化した。だが、それによって経済変動の影響が、地域での暮らしを直撃するようになった。そして、地方や中心市街地の人口減少は深刻となり、地方創生が叫ばれるようになった。

　地方創生のキーワードは、「まち・ひと・しごと」である。巨大都市圏の経済発展のおこぼれに頼るのではなく、地域の産業によって"しごと"をつくり、それによって"ひと"の暮らしを成り立たせ、安心して暮らせる"まち"を維持するしくみの再生が必要とされている。

　そこでこの章では、以下のことを紹介していく。地方にしごとをつくり安心して働けるようにするには、地域産業の活性化が必要であり、技術革新の役割は大きい。ニューツーリズムや移住・ダブルプレイスは、地方への新しいひとの流れをつくる。時代に合った地域をつくるためにスポーツ・健康まちづくりや食生活が注目されているし、安心な暮らしを守るとともに地域と地域を連携するためには都市のコンパクト化や交通ネットワーク形成の役割が大きい。こうした取り組みの成果を評価する際には、統計学や経済分析手法が役に立つ。

6-1

食生活からみる地域の特徴と健康

地域の繋がりが健康に影響する

♀ keywords　健康寿命　健康格差　栄養　生活習慣病　ソーシャルキャピタル

1　注目される健康寿命

　超高齢社会の到来とともに、平均寿命だけでなく健康寿命にも注目が集まっている。健康寿命とは「健康上の問題で日常生活が制限されることなく生活できる期間」をさす。平均寿命と健康寿命の差、いわゆる不健康期間は、2016年時点で男性約9年、女性で約12年とされる。

　健康は、身体的、精神的な要因だけでなく、その人が置かれた社会的な要因によっても影響を受ける。日本では社会保障制度が整備されており、社会経済状態により医療を受けられないケースは他国に比べて少ない。しかしながら、近年、日本でも所得や職業階層などの社会経済的背景により健康格差が生じている。国民健康栄養調査によれば、低所得世帯で、野菜類の摂取量が低い、肥満者や習慣的喫煙者等の各割合が高いなど、世帯の所得格差が生活習慣等の状況に影響していた（表1）。大人のみならず、子どもの健康状態に家庭の経済状況が影響しやすいことも指摘されている。

表1　所得と生活習慣等に関する状況（20歳以上）

		世帯所得 200万円未満	世帯所得 600万円以上
野菜摂取量の平均	（男性）	253.6g	322.3g
	（女性）	271.8g	313.6g
肥満者の割合	（男性）	38.8%	25.6%
	（女性）	26.9%	22.3%
習慣的喫煙者の割合	（男性）	35.4%	29.2%
	（女性）	15.3%	5.6%
健診未受験者の割合	（男性）	42.9%	16.1%
	（女性）	40.8%	30.7%

（出典）厚生労働省 2016『平成26年 国民健康・栄養調査報告』p.33 を一部改変

2 住んでいる地域は健康になれる地域か

日本は、食文化的背景から習慣的に食塩摂取量が高い傾向にあり、なかでも東北地方や内陸部で摂取量が高い。このような食習慣は、高血圧を発症しやすく脳血管疾患のリスクを高める。住んでいる国や地域がどのような食環境にあるのか理解し、主体的に健康を獲得していく行動が個人に求められる一方、住めば自然と健康になれるような環境整備も地域全体で推し進めていかなければならない。例えば、英国では、食品業界に協力をあおぎ、食品に含まれる食塩量を長期に渡って徐々に減少させたことにより、血圧が改善し、脳血管疾患や心疾患の死亡者数が4割も低下する成果を挙げた。

介護が必要になった主な原因の約3割は脳血管疾患をはじめとする生活習慣病である。健康寿命を延ばす上で、気付けば日々の生活習慣が改善され、生活習慣病の予防に繋がっていた、そんな地域づくりを進めていくことが鍵となる。

3 地域の繋がりと健康

健康を左右する社会的決定要因として、ソーシャルキャピタルが注目されている。ソーシャルキャピタルとは人々の繋がりをさし、ソーシャルキャピタルが豊かであるほど、健康を獲得しやすいとされ、その作用機序として、いくつかの想定される経路がまとめられている（図1）。

図1　ソーシャルキャピタルが健康に影響を与える作用機序
（出典）相田潤・近藤克則 2014「ソーシャル・キャピタルと健康格差」
『医療と社会』医療科学研究所, Vol.24, No.1, p.67 を一部改変

自分が関わっている地域の食環境を理解し整備を進めるとともに、人的ネットワークの豊かさを構築することが、健康を獲得し、健康寿命を延伸することに結びつくであろう。

（大森　玲子）

6-2

命の価値を語る統計学
当たり前に続いていく暮らしの値打ちとは

🔑 keywords　　プロジェクト評価　費用便益分析　統計的生命価値（VSL）　仮想評価法（CVM）

1　あなたの命に値段をつけるとしたら何円ですか？

　こんな質問をされたことがあるという人は少数派だろう。こんな質問、非常識で失礼だ。では質問を変えよう。人の命に値段をつけるとしたら何円ですか？これも答えに困ってしまう。自分ではない誰か、でも誰の命とも言っていない。学校では命は地球より重いと教わった人もいるかもしれない。

2　命の値段を知りたい理由と値付けの方法

　公共プロジェクトを計画し、採否を判断するためには、人の命に値段をつけることも避けては通れない。人命を守るための事業なら、いくらお金を費やしてもいいわけではない。いくら人命が大事だからといって、日本中の全ての道路にガードレールを設置し、全ての交差点を立体交差にするという何百、何千兆円かかるかわからない事業をやるわけにはいかないのである。

　では、命を守るための公共プロジェクトを議論する現場、もう少し具体的にいうと交通事故死を防ぐための道路改良を議論する現場では、命にどのように値段をつけているのだろうか。まず、そこで議論される命とは何かを整理するところから始めよう。ここで対象としている命とは、特定の誰かの生死を指すものではない。不特定の誰かの生死であり、しかも、生か死かの二者択一ではなく、命に関わるごくわずかなリスクだ。交通事故死は、道路を利用する全ての人にごくわずかずつの確率で忍び寄る災禍だ。不特定多数が直面するごくわずかな死亡リスクである。2018年のデータによると、日本国内におけるそのリスク（交通事故後24時間以内に死亡するケース）の大きさは、仮に日本の全人口が全て等しい大きさのリスクであるなら、1年あたり10万分の3程度である。

　もう一つ説明しておかなければならない。ここでの命とは、新たに生まれる命ではなく、今生きている人のこれから先も続いていくはずの暮らしのことであ

り、そこに付けられる値段はそれを本人がどの程度価値があるものと考えている
かを基に算定されるものである。正確には、これからも続いていくはずの暮らし
がごくわずかな確率で打ち切られてしまうことに対して、本人がそれをどの程度
の苦痛と考え、そのリスクを減らせるのならいくら払うか、つまり支払意思額
（WTP: Willingness to Pay）は何円と考えるのか、を分析するのだ。

3 私たちの命の値段と今後の研究課題

　現在使われている命の値段は、年あたり 10 万分の 6 の死亡リスクを 10 万分の
3 まで減らせるのなら何円支払えるのか、ということを大規模にアンケート調査
し、CVM（仮想評価法：Contingent Valuation Method）という手法を使って分析・算
定された値である。調査票は、回答者である一般市民にいかに的確に理解して回
答してもらうか良く工夫されていて、この分野の専門家でなくとも得るもの、学
ぶものが多いだろう。詳しい調査票や分析方法は、公表されている内閣府の報告
書「交通事故の被害・損失の経済的分析に関する調査研究報告書」（2007 年）の
特に参考資料の部分をご覧いただきたい。特定の誰かの命ではなく、命のリス
ク・確率を考え、統計学的に分析するから、こうして算出される命の値段のこと
を統計的（確率的）生命価値（VSL：Value of Statistical Life）と呼ぶ。上述の調査時
点の物価で評価すると人命 1 つあたり 2.26 億円。今生きている誰かの命は地球
より重く、値段が付かないかもしれないが、小さな命のリスクを基にそれを回避
することの価値を考えると、地域の人々の命を守るためにいくらまでつぎ込むべ
きかを理性的に議論することが可能になる。

　ところで、地域の人々の命が危険にさらされるのは交通事故だけではないから、
交通事故以外の命のリスクに対しても、まちづくりや公共プロジェクトに何ができ
るのかを考える場面は様々あるだろう。死の要因によってリスクの構造は異なるか
ら、心構えも異なるだろう。交通事故は誰にでもあるリスクであり、突然襲ってく
るリスクであり、時に何の落ち度もない人を死に至らしめるリスクである。これ
は、（不謹慎な言い方であるが）統計的生命価値の計測技術との相性が比較的良いリ
スクだ。命を大切にするまちづくりを考えるためには、他にも様々ある命のリスク
について丁寧に議論し、必要となればその死因に対する命の価値を分析・計測す
ることが必要だろう。地域デザインのための命の価値の研究は、道半ばである。

（阪田　和哉）

6-3

移住・定住から関係へ

🔑 keywords　まち・ひと・しごと　地方創生　人口ビジョン

1　地方創生

　「地方創生」は、東京一極集中を是正し、地方の人口減少に歯止めをかけ、日本全体の活力を上げるために 2014 年に提唱された一連の政策である。地方に人を住まわせるためには、住まうための "まち" そのもの、そこに住まう "人（ひと）"、働くための "仕事（しごと）" の 3 つが重要であり、各自治体は、"まち・ひと・しごと" をどのようにするのか地域特性に応じた方針を立てることが求められた。

　このとき、各自治体は、"まち・ひと・しごと創生総合戦略" として、5 か年計画を掲げ、移住・定住を目指した各種施策を試みた。そして、現在、第 2 期の基本方針が掲げられ、各自治体では、2015 年からの 2019 年までの振り返りと、人々を移住・定住させるのではなく、関係させて地方の活力を保つ 2020 年以降の第 2 期計画の見直しがなされている。

○人口減少問題は地域によって状況や原因が異なる。
○大都市における超低出生率・地方における都市への
　人口流出＋低出生率が日本全体の人口減少につながっている。
○東京一極集中を是正し、若い世代の結婚・子育て
　希望を実現することにより人口減少を克服。
○地域特性に応じた処方せんが必要。

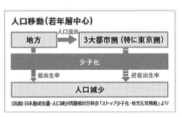

図1　なぜ、まち・ひと・しごと創生か
（出典）「まち・ひと・しごと創生（長期ビジョン）（総合戦略）」（内閣府パンフレット）

2　まち・ひと・しごと創生総合戦略

　まち・ひと・しごと創生総合戦略では、今後の施策の方針として、①地方における安定した雇用を創出すること、②地方への新しいひとの流れをつくること、③若い世代の結婚・出産・子育ての希望をかなえること、④時代にあった地域を

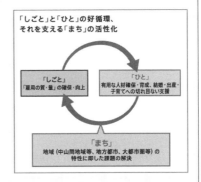

図2 まち・ひと・しごと創生総合戦略の概要
(出典)「まち・ひと・しごと創生（長期ビジョン）（総合戦略）」（内閣府パンフレット）

つくり安全な暮らしを守るとともに、地域と地域を連携することの4つを基本目標として掲げた（図2）。そのために、国家戦略特区、社会保障制度等のさまざまな取り組みが行われた。

3 次期の総合戦略

　計画期間を2015年から2019年とする第1期の総合戦略では、すべての自治体が移住・定住により人口増を目指す計画となっていた。

　人口増とは、自然増とならない限り、どこかの自治体からどこかの自治体への移動であり、人口減少スキームに入っている我が国では、個々では成り立つが、全体としてみた場合に整合が取れない状況となっていた。そこで、第2期の総合戦略では、別の自治体に住んでいても働いたり買い物などで関係するひと（関係人口）を増やす戦略へとシフトしてきている。

（長田　哲平）

6-4

これからの交通システム

🔑 keywords　**LRT　自動運転車　パーソナルモビリティ　MaaS**

1　都市の規模に応じた交通システム

　人々は、徒歩、馬、鉄道、自動車と交通手段を変えてきた。この間、鉄道よりも規模の小さな起動系交通として路面電車が全国の 65 都市路線延長 1,479km であったが、現在では 17 都市路線延長 206.5 km となっている。この路面電車が、次世代路面電車（LRT）として復活の兆しがある。LRT とは、Light Rail Transit の略で、低床式車両（LRV）の活用や軌道・電停の改良による乗降の容易性、定時性、速達性、快適性などの面で優れた特徴を有する次世代の軌道系交通システムとされている。

2　全線新設の次世代型路面電車システム

　栃木県の県庁所在地である宇都宮市では、1993 年から新交通システムの検討が始まった。この時には、次世代路面電車（LRT）も含めてモノレールなど様々な交通システムのなかから、LRT が有力であると結論づけられた。その後、様々な議論を経て、隣町の芳賀町と合用で 2016 年に国に対して、総延長 14.6 km で 19 電停（図 1）の LRT 建設のために実施計画の認定申請を行い、2016 年 9 月 26 日

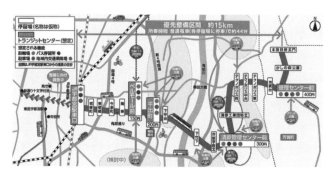

図 1　芳賀・宇都宮 LRT の路線
（出典）宇都宮市ホームページ

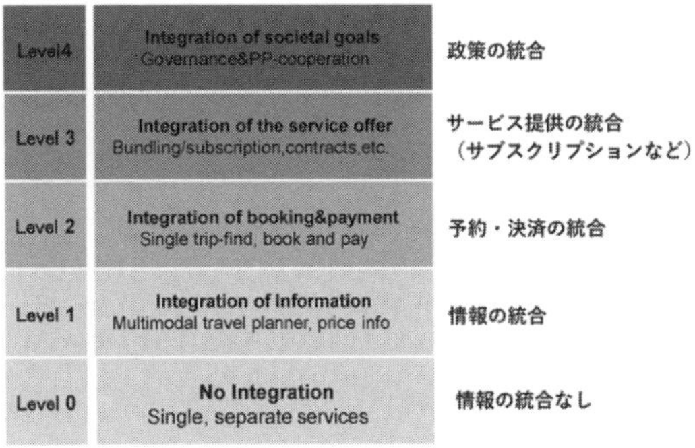

（出典）Jana Sochor et al の資料を基に加工

図 2　Maas のレベル

に国土交通大臣から認定を受け、2018 年 3 月 20 日に工事施行許可を受けた。

3　これからの交通システム

　LRT は、低床型車両を入れただけでは成り立たず、自宅から電停までの端末交通と呼ばれるアクセスを考えなければならない。端末交通には地域内交通と呼ばれるデマンド対応型の交通や、低速の自動運転車の乗合、1 人乗りのパーソナルモビリティ、電動キックボードなどを組み合わせていく必要がある。そして、これらをストレスなく使うためには、自動車や自転車、バス、電車などの交通手段を個々の移動手段としてではなく一つのサービスとして捉え、シームレスにつなぐ新たな移動の概念である MaaS（Mobility as a Service）が重要になってくる（図2）。Maas が実現することで、どこかに移動したい時に最適なルートや手段を知ることができ、予約や決済が可能となる。サービスを統合し料金を定額とする Level 3 の取組みが我が国でも実験されだしている。

（長田　哲平）

参考文献

Jana Sochor et al: A topological approach to Mobility as a Service: A proposed tool for understanding requirements and effects, and for aiding the integration of societal goals, ICoMaaS 2017 Proceedings, pp.187-208

宇都宮市ホームページ

　https://www.city.utsunomiya.tochigi.jp/kurashi/kotsu/lrt/1013029.html（2020.2.12 閲覧）

国土交通省ホームページ

　http://www.mlit.go.jp/road/sisaku/lrt/lrt_index.html（2020.2.12 閲覧）

6-5

首都圏外縁部における観光地域の形成

keywords　マス・ツーリズム　温泉　スキー　海水浴場　民宿　観光開発

1　首都圏外縁部における観光地域の形成

　高度経済成長期以降、首都圏外縁部において温泉観光地域やスキー観光地域、海浜観光地域、高原観光地域など多様な観光地域が形成された（図1）。日本経済が復興した 1950 年代以降に企業の招待旅行や慰安旅行が盛んになったため、熱海温泉や鬼怒川温泉など東京方面からの近接性が優れた温泉観光地域では、こうした需要に合わせて宴会用の大広間を併設した大規模な温泉旅館の林立がみられるようになった（山村 1995：38-40）。また、スキー観光地域（長野県白馬村や新潟県南魚沼市など）や海浜観光地域（伊豆半島や房総半島など）では、農家や漁家の副業として民宿集落が形成され（石井 1970）、夕食時には米や野菜、新鮮な魚介類が提供されている。1980 年代になると、那須高原や清里高原などの高原観光地域やスキー観光地域で洋風建築のペンションが出現し、流行に敏感な若年女性旅行者の受け皿となった。バブル期には、新潟県湯沢町にリゾートマンションやリゾートホテルの進出がみられるなど、スキー場の付帯施設や宿泊施設の規模拡大が行われた（呉羽 2017：54-59）。

図1　首都圏外縁部における主な観光地域の分布
（出典）山村（1995）および呉羽（2017）により筆者作成

2　首都圏外縁部において観光地域が形成・発展した背景

　首都圏外縁部において観光地域が形成・発展した背景として、第1に、高度経済成長期以降に東北地方や北関東をはじめとする全国の農村部から、東京を中心とする南関東への人口移動が顕著になったことがあげられる。第2に、経済成長に伴い、可処分所得が増大したことにより、多くの国民が自由に観光できるマス・ツーリズム（観光の大衆化・大量化）の時代を迎えたことも指摘できる。第3に、こうした状況下において私鉄資本（西武、東武、東急など）をはじめとする民間資本や行政などが積極的に観光開発や、高速交通網および観光道路の整備に着手したことがあげられる。こうした背景が、人口集積地域である首都圏の住民を対象とした観光地域の形成・発展をもたらしたといえる。

3　首都圏外縁部の観光地域における新しい展開

　1990年代半ば以降、長きにわたる景気低迷や、少子高齢社会および人口減少社会の到来、余暇活動や観光行動の多様化、慰安旅行の衰退などにより、観光客・宿泊客の減少やそれに伴う宿泊施設、観光対象施設、商業施設の閉鎖・廃墟化の問題を抱えている観光地域も出現している（鬼怒川温泉や清里高原など）。こうした状況下、観光客・宿泊客の増加や観光流動における季節変動の是正を目的として、スポーツツーリズムやエコツーリズムなどで地域再生を図るケースもみられている。たとえば、冬季のスキー客の減少がみられた菅平高原と峰の原高原では、ラグビーや陸上競技などの夏季スポーツ合宿を誘致している。このように、首都圏外縁部の観光地域は、広域観光ルートにおける宿泊拠点としての役割を維持しつつ、こうした新しい観光形態に柔軟に対応していくことが必要であろう。

（鈴木　富之）

引用・参考文献

石井英也　1970「わが国における民宿地域形成についての予察的考察」『地理学評論』43，pp.607-622
呉羽正昭　2017『スキーリゾートの発展プロセス──日本とオーストリアの比較研究』二宮書店
山村順次　1995『新観光地理学』大明堂

日本における新しい観光の特徴

🔑 keywords　　オルタナティブ・ツーリズム　ニューツーリズム　産業観光

1　日本における新しい観光の特徴

　バブル経済が崩壊した 1990 年代以降、大量輸送と画一的な観光開発に支えられた「マス・ツーリズム」に代わり、旅行者の趣味や嗜好などを強く反映した「オルタナティブ・ツーリズム」が台頭しつつある（呉羽 2011）。こうした新しい観光形態は、持続可能な観光を意味する「サスティナブル・ツーリズム」や観光庁が推奨した「ニューツーリズム」とも呼ばれている。これらに包括される観光形態は、産業観光（産業遺産や工場の見学など）やスポーツツーリズム（スポーツ合宿やスポーツイベントの誘致など）、エコツーリズム（自然環境の保全を考慮に入れた観光）、グリーンツーリズム（農林漁業体験）、ヘルスツーリズム（健康増進を目的とした観光や医療観光）、フードツーリズム（食や食文化を楽しむ観光）、コンテンツツーリズム（ロケ地巡りやアニメの聖地巡礼など）など多岐にわたっており、「参加・体験」「交流」「学習」などが重要なキーワードとなっている。また、グリーンツーリズムの一形態である農家民泊や滞在型市民農園のように、特定の地域にとどまり活動を行う滞在型観光に該当する観光形態も存在する。

2　新しい観光としての産業観光―琉球泡盛製造業者における工場見学の事例

　新しい観光の一形態である産業観光は、「歴史的文化的価値のある産業文化財（古い機械器具、工場遺構等のいわゆる産業遺産）、産業現場（工場、工房、農・漁場等）、産業製品を観光対象（資源）として人的交流を促進する観光活動」（須田 2009：8）である。なかでも、工場見学に代表されるように製造業が産業観光の中核となっている。（米浪 2008：56）。ここでは、琉球泡盛製造業者を事例として、工場見学の実態について紹介する。

　沖縄県には 45 軒の琉球泡盛製造業者が立地しており（2016 年現在）、その多くが工場見学者の受け入れを実施している（鈴木 2018）。1990 年代半ばから 2000 年代前半には、沖縄県がメディアに好意的に報道されたことから、琉球泡盛製造業

者では工場見学を希望する沖縄県外からの観光客が増加したと考えられる。工場見学者の受け入れを開始した主な理由として、①観光客に飲み方や熟成方法など琉球泡盛の知識を紹介すること、②琉球泡盛の対面販売や通信販売の機会を増やすこと、③悪天候時に室内で楽しめる観光対象を求め、観光客や地元のバス会社、タクシー運転手などから見学の要望があったことがあげられる。

　観光客の流動が多い那覇空港や著名な観光資源に近接する琉球泡盛製造業者は、ガラス張りの見学コースや見学可能な貯蔵施設、ツアー客向けの売店コーナーを併設したり、専属のガイドや売店店員などが1日数回の工場見学ツアーを実施したりするなど、工場見学者の受け入れに積極的である。一方、従業員が比較的少ない小規模な製造業者では、製造担当者が自ら工場を案内することが多いため、生産活動が忙しい平日の午前や、工場が稼働しない週末に工場見学の受け入れを実施することが困難である。そのため、週末に来訪することが多い観光客による工場見学のニーズと合致しないという問題も生じている。とはいえ、製造担当者の「生の声」を聞いたり、生産活動に必要な機材を間近で見学したりできるなど、貴重な体験をすることが可能であろう。

3　新しい観光による地域活性化に向けて

　新しい観光による地域活性化を図る場合、その地域が有する地域特性（自然環境、歴史・文化環境、社会・経済環境など）を考慮に入れ、地域資源を発掘・活用する必要がある。その際、移住者や二地域居住者、観光客は地域住民が気づきにくい地域の魅力を再発見するケースもあるため、モニターツアーを通じてこうした人々の意見や感想に耳を傾けることも重要であろう。

（鈴木　富之）

引用・参考文献

呉羽正昭 2011「観光地理学研究」江口信清・藤巻正己編『観光研究レファレンスデータベース 日本編』ナカニシヤ出版，pp.11-20

米浪信男 2008『現代観光のダイナミズム』同文舘出版

鈴木富之 2018「琉球泡盛製造業者における工場見学者の受け入れ態勢」『名桜大学総合研究』27，pp.1-11

須田寛 2009『新産業観光（第3刷）』交通新聞社

地域密着型プロスポーツと社会の活力

♀ keywords　プロスポーツ　サポーター　行政　地元企業

1　プロスポーツと地域の関係が変容

　一昔前であれば、プロスポーツは地域からは超然とした存在で、ひたすら試合における当該競技のプロフェッショナルな技術・パフォーマンスを見せることで、ファン・観戦者に満足感を与えればそれで良し、とした風潮があった。ところが、今やプロスポーツは地域性（地元の自治体、住民、企業など）とは切っても切れない関係となった。

　Jリーグ（プロサッカーリーグ）開幕の1993年以前のプロスポーツチームといえば、プロ野球等に限定されていた。今日のような、サッカー、バスケットボール、ラグビー、卓球、自転車ロードレース、アイスホッケーなど、他競技のプロスポーツチームの存在自体が想定されていなかった。

2　1993年のJリーグ開幕が契機に

　基本的にはこの地域性を全面に掲げたJリーグモデルに沿って、他のプロスポーツ競技においてもそれが運営の原則となっている。

　Jリーグ構想では、クラブ（チーム）はホームタウン（自治体）を有し、スタジアムの整備や交通アクセス、チーム活動などで行政の支援を受ける。地元ファンはサポーターとして観戦（チケットの購入）やボランティア活動などでクラブを応援する。そして、複数の地元企業がスポンサーとしてクラブ活動に要する資金を提供する。クラブチームを支えるのは当該地域の行政、企業、市民であり、クラブ運営は、地域という活動のプラットフォーム上で展開される。

　一方で、大口スポンサー企業の撤退や、クラブ運営をめぐるクラブとサポーターとの見解の相違・対立など、これまで多くの試行錯誤や紆余曲折があった。他チームの選手やサポーターに対する暴言などの差別的行為や、監督による選手へのパワハラ行為、さらにはサポーターの高齢化や若い世代のファンの開拓、IT（情報技術）への対応といった課題に直面している。

3　地域密着型プロスポーツの特徴

　第1に、プロスポーツの活動拠点が、地方に拡散・多極化した点である。野球の独立リーグやサッカーのJ2、J3に属するチームの拠点地域は、東京一極集中の流れに反するかのような構図になっている。

　第2に、選手がさまざまな地域活動に参加・協力することが前提となっている。震災復興に向けた募金の呼びかけ、ごみ拾いなど美化活動、児童・生徒などを対象としたスポーツ教室の開催、行政や民間団体が主催する地域イベントへの積極的な参加などが挙げられる。活動拠点である地域の人々への直接的なPRや社会的貢献は、チーム運営に欠かせない要素である。

　第3に、大口の単一スポンサー企業に依存するのではなく、小口の多くのスポンサー企業を獲得するというのが、地域密着型プロスポーツの経営戦略の要諦である。リスク対策としても運営資金のセーフティーネットの獲得は、「浅く広く」が鉄則である。

　第4に、活動拠点の自治体（行政）からすれば、競技施設や交通アクセスの整備費用を支出したとしても、それによって観戦客の移動がスムーズになされ、飲食、買い物、観光などの経済波及効果が、一過性ではなく試合のたびに生じる。こうした経済行為を伴う交流人口の増加は、行政にとってまちづくりの実を上げることにもつながる。

　第5に、サポーター・ファンにとって、プロスポーツチームが身近に存在するだけでなく、試合会場での応援、試合前後の関連イベントやボランティア活動への参加、選手の社会貢献活動、地元メディアや当該競技リーグの情報発信やサポーター間でのSNS上でのやりとりなどを通じて、地域社会の活力に貢献している。

　一方で、地域経済の疲弊やチーム成績の低迷に伴う存続の危機、人口や企業数という一定の規模内での複数のプロスポーツによるパイの奪い合い、行政、企業、住民、プロスポーツの間での協働実践で生じる各セクター間の見解の相違や摩擦、ガバナンス（組織統治）の機能不全、人材の不足、運営方針の改変に伴うリスクといった課題がある。地域密着型プロスポーツの成否は、協働による地域運営の試金石なのである。

（中村　祐司）

6-8

我が国の森林資源と木材産業の持続的な発展に対して地域と建築が担う役割

🔑 keywords　　森林資源　自給率　木造建築　木材利用促進法　地域産業

1　　我が国の森林資源と木材利用

　天然資源が少ない我が国において森林資源は貴重な天然資源の一つである。我が国の国土面積約 38 万 km² のうち約 25 万 km² は森林であり、全国土に占める森林の割合は約 68.5% である [*1]。約 25 万 km² の森林が蓄える樹木の量（森林蓄積）は 2017 年時点で約 52.4 億 m³ であり、増加傾向にある（林野庁 2019）。また、森林蓄積のうち約 6 割は人工林で蓄積されている。戦時中に樹木が伐採されて、はげ山となった山に、終戦直後から高度経済成長期にかけて植えられたスギやヒノキ、カラマツなどの針葉樹が年々成長し、森林蓄積の増加をもたらしている。終戦から 70 年以上を経た現在、植林された樹木は樹齢が 50 年以上のものが半数以上を占め、本格的な利用時期を迎えている。このように森林蓄積が毎年増加している中、我が国の用材の自給率は 2017 年時点で 35% に満たない状況にある（林野庁 2018）。1955 年の用材の自給率は約 95% であり、ほぼ 100% 自給していたが、以降、自給率は低下の一途をたどり、2000 年頃に底の約 20% まで下がり、その後少しずつ回復して現在の水準となっている。自給率が低下した背景には、国の施策、海外からの安価な木材の流入とそれに伴う林業の衰退がある。

　国の施策としては、1951 年に閣議決定「木材需給対策」が下され、都市の建築物を不燃化すること、木材の消費を抑制すること、未開発の森林を開発することなどが定められた。また、1955 年には閣議決定「木材資源利用合理化方策」が下され、国と地方公共団体が率先して建築物の不燃化を促進すること、木材の消費を抑制すること、森林資源の開発を推進することなどが改めて定められた。荒廃した山を豊かな森林に戻すことと、頻繁に発生した都市の大火災に対する対策を講じることを目的として下された閣議決定と考えて良い。さらに、日本建築学会は 1959 年に「建築防災に関する決議」を定め、火と台風に強い都市づくりを目的として木造を禁止する決議を下している。以降、1980 年代後半まで我が

国では規模の大きい木造建築物が建てられることはなく、2階建て以下の小規模な建物のみ木造で建てられることが認められていた。

　一方、海外から輸入される丸太などの関税が撤廃された1964年以降、海外から安価な木材が大量に流入し、市場競争力を失った国産材の需要は徐々に減り、林業も衰退した。安価な木材が輸入されたことによって木材価格は約1/3まで低下し、地域の林業と木材産業の持続的な経営が難しくなる水準にまで低下した。

2　木造建築の転機と地域の役割

　木造建築の転機は、1974年に北米の標準的な工法である枠組壁工法（いわゆるツーバイフォー工法）が我が国の一般的な工法として位置づけられたときに訪れる。新しい工法の導入がきっかけとなり、1987年には大規模な木造建築物を建設するための技術基準が整備され、大きなドーム建築や体育館などが木造で建てられるようになった。また、それまで2階建て以下に限定されていた住宅なども3階建てまで建てて良いこととなった。このような大規模な木造建築物の普及の一役を担ったのが地方の自治体と産業界である。我が国で最初の木造ドーム建築は島根県出雲市に1992年に竣工した出雲ドームであり、大規模な体育館は和歌山県日高郡龍神村（現在の田辺市）に1989年に竣工した龍神村村民体育館である。その後、各地域に様々な大規模な木造建築物が建てられている。

　今日では、各地域に建つ多くの庁舎や学校などが木造で建てられている。2010年に公布された「公共建築物等における木材の利用の促進に関する法律」（通称、「木材利用促進法」）がその牽引役を担っている。同法律は国土交通省と農林水産省が共同で所管する法律であり、国や地方公共団体が公共の建物を建てるときに木材の利用に努めなければならないことが定められている。また、建築物に木材を利用することは、地球温暖化の防止、循環型社会の形成、国土の保全につながるとともに、地域経済の活性化にも貢献することが明言されている。

（中島　史郎）

参考文献

The World Bank-Data Indicators, 2016.　https://data.worldbank.org/indicator（2020.2.5閲覧）
林野庁　2018「木材需給（供給）量累年統計」
林野庁　2019『平成30年度　森林・林業白書』

少子高齢化社会を見据えた
「産業と技術革新の基盤づくり」

🔑 keywords　　地域産業

1　技能労働者の減少と科学技術の活用

　日本は、超少子高齢化社会の問題に直面している。建設業界も例外ではなく、少子高齢化のみならず、若年層の入職率の低下によって技能労働者（建築物の一部専門工事を行う技術者、いわゆる職人）の慢性的な不足に陥っており、未来の建築生産に対して大きな不安を抱えている。

　その打開策として、ICT（Information and Communication Technology）の活用によって様々な工程を省力化・自動化し、生産性の向上を図る取組みが注目されている。BIM（Building Information Modeling）などのデジタル技術、センシング技術やロボット制御技術などは日進月歩であり、これらを効果的に活用できれば、技能労働者不足の解消に向けて大きく前進する可能性がある。

2　建築鉄骨に用いられるロボット溶接技術の高度化

写真1　建築鉄骨の柱大組立ロボット溶接システム

　ここでは自動化・ロボット化の一例として建築鉄骨の溶接に着目する。建築鉄骨にロボット溶接が導入され始めたのは1970年代であり、特に1980年代から鉄骨製作工場で活用する試みが盛んになった。それから約40年を経た今日では、写真1に示すような角形鋼管を用いる柱端接合部の溶接はロボット溶接が主力となり、溶接施工の高能率化・省力化・品質安定化に大きく貢献している。

　現在、ロボット溶接技術の適用を前提とした施工合理化・品質向上に関する研究が精力的に行われている。センシング技術やロボット制御

技術がさらなる進歩を遂げ、AI（Artificial Intelligence）との連携も実現すれば、省力化・脱技能化によって技能労働者の労働環境を改善でき、若年層の入職を促す効果も期待できる上に、想像を超えた建物が生産できる可能性も高まってくる。

3　技術とニーズのマッチング、そのためのコミュニケーション

技術革新によって人間の仕事が奪われるという懸念を指摘されるケースが多い。しかし、新三種の神器と呼ばれているロボット掃除機、全自動洗濯乾燥機、食器洗浄機によって、家事が奪われたと感じているだろうか？

近年、ICT の飛躍的な進歩により、様々なことが便利になっている。身近なところでは、今の大人が子どもの頃は、カセットテープ、CD、MD のプレーヤーとラジオなどが組み合わされたミニコンポと呼ばれるオーディオセットで音楽を聴いていた。自分の部屋にテレビがある子どもは少なく、情報源はラジオや書籍で、部屋の本棚やベッドの下にはたくさんの雑誌や漫画、小説が詰め込まれていた。ゲームも、ファミコンやプレステなどの据置き型ゲーム機が主流で、ソフトをたくさん持っている友達の家にみんなが集まっていた。

これらが今ではスマートフォン 1 台でこなせる時代になった。その上、昔は一家に 1 台だった電話やカメラの機能も搭載している。待合せに遅れても連絡を取り合うことができ、初めて訪れた場所でも居場所や行き先がわかる。今の大人は、高々 30 〜 40 年間の科学技術の進歩で、こんなにも生活が変わることを知っている。だが、20 世紀に思い描いた 21 世紀を実現できてはいない。

馴染みがないからといって、新しいことや初めてのことを拒絶していては何も始まらない。今日と同じことを明日も繰り返す毎日では進歩はない。先端技術に興味をもち、技術とニーズのマッチングを考察する必要がある。そのためには、メールや LINE のやり取りで済ますのではなく、顔を突き合わせたコミュニケーションが極めて重要であることも忘れてはならない。

（中野　達也）

参考文献

KOBELCO 神戸製鋼ホームページ「溶接ロボットシステム」
　https://www.kobelco.co.jp/welding/system/index.html（2019.12.6 閲覧）
日本建築学会材料施工委員会「建築鉄骨ロボット溶接の過去・現在・未来　先端技術を使いこなすための道筋」2019 年度日本建築学会大会材料施工部門パネルディスカッション資料，2019.9

6-10

経済の活動水準を計る
県民経済計算からとらえた地域の経済

🔑 keywords　　地域経済　県民経済計算　県内総生産　経済成長率

1　地域経済変動のマクロ的指標：県民経済計算

　地域経済の活性化に向けた政策を立案し実施するとき、地域経済の全体像や産業について、また他の地域との関連を概括的に示しながら、個別政策の効果について理解し検証することが重要となる。「消費」と「生産」という経済活動は、「市場経済」というシステムで行われており、必ず「交換（取引）」をともなって循環構造になっているからである。

　その第一歩には、「生産」と「消費」に関わる経済循環の視点から、地域経済の全体をマクロ的に把握し、その変動を明示することが上げられる。このような、「交換」をともなった経済循環を、都道府県の域内、あるいはその地域の居住者（県民）を単位に計量把握して、県経済の実態を包括的に明らかにするための指標が、県民経済計算である。

　県民経済計算は、国の指標である国民経済計算と同様に、国連が勧告した国際基準（SNA）に基づき、経済関係のさまざまな個別の一次統計等をもとに推計・加工処理を行って作成される。都道府県ごとの県民経済計算は、各都道府県が、内閣府の「県民経済計算推計マニュアル」に基づき作成している。なお、現時点では、2008（平成20）年に国連が勧告した国際基準（2008SNA）に準拠している。

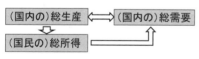

図1　マクロ的経済循環

2　県内総生産

　県民経済計算で核となる概念が、県内総生産である。県内総生産は、一定期間内に市場で取引される財サービスの「生産」を計測することを原則としており、県内で市場生産者、非市場生産者（政府）、非市場生産者（非営利）により生産された財サービスの産出額から原材料費等を除いた付加価値額の総額として求めら

れる。このような、「生産」の大きさで経済の規模が表されるのである。

　県内総生産には、変動価格の名目県内総生産と、物価変動分を調整し固定価格で評価した実質県内総生産があるが、実質県内総生産の変化率で与えられる経済成長率により、景気の変動を知ることができる。また、統計作成の過程で、物価指数のひとつであるデフレータが求められ、物価の変動は、デフレータの変化率（インフレ率）により知ることができる。

3　3つの側面：生産面、分配面、支出面

　生産面では、前述のように付加価値額の総額が県内総生産として計られている。2016（平成28）年度の栃木県の例では、8兆9584億円である。他方で、これら付加価値は誰かの所得になるものとして分配面から、また、生産された財サービスは誰かが購入するものとして支出面からとらえることもできる。

　分配面では、生産要素への所得が、付加価値が分配される単位を想定して、「県民」をベースに計上される。具体的には、（要素費用表示の）県民所得が、

　　県民所得＝県民雇用者報酬＋財産所得（非企業部門）＋企業所得

で与えられる。「県内」と「県民」の概念による違いに加えて、県民所得においては、固定資本減耗分や間接税が含まれない点で県内総生産とは異なり、2016（平成28）年度の栃木県では、6兆5241億円（県内総生産の72.8％）になっている。そして、一人当たりの県民所得が、生活水準の指標として用いられる。ただし、家計以外に、企業等の所得を含んでいる点には注意が必要である。

　支出面では、県内総支出が、内需や外需の項目によって、

　　県内総支出＝民間最終消費支出＋政府最終消費支出＋県内総資本形成
　　　　　　　　＋財貨サービスの移出－財貨サービスの移入

と与えられる。各項目が経済成長に寄与する度合いを寄与度と言い、

　　寄与度＝（項目の変化率）×（その項目の県内総生産に占める比率）

が成立している。この寄与度によって、どの項目がどれだけ県内総生産を動かしているかが表され、景気に影響する要因の分析ができる。

　以上で述べた指標によって、地域経済の規模とその変動について知ることができるのである。なお、多くの県では、関連する統計をもとに県民経済計算を按分する形で、市町村レベルでの市町村民経済計算も作成されている。

（塚本　純）

経済構造と産業の連関を計る

産業連関表からとらえた地域の経済と産業

keywords　**地域経済　産業連関表　経済構造分析　波及効果分析**

1　地域経済の循環を部門ごとに知る産業連関表

　地域経済の活性化に向けて地域の政策を立案し実施する場合に、地域経済の全体像や様々な産業ごとの取引、他の地域との取引を概括的に示しながら、個別政策の効果について理解し検証することが重要である。そのために、一定の地域で一定期間に行われた財サービスの産業間の、そして産業と最終需要の取引、国内他地域あるいは海外との移輸出や移輸入が、金額表示で1枚の産業連関表として作成されている。図1のように、どの部門の産出がどの部門へ投入されるかを示す地域内経済循環（中間生産物の取引）が行列として、最終需要および粗付加価値額が、それぞれ横軸と縦軸に記述されている。域外との循環は、移輸出と（控除）移輸入が横軸に記されている。

	中間需要	最終需要			
中間投入	中間生産物の取引	県内最終需要（消費・投資）	移輸出	（控除）移輸入	県内生産額
粗付加価値	雇用者所得				
	営業余剰				
	資本減耗引当				
	その他				
	県内生産額				

図1　産業連関表の概念図

　需給均衡が横軸に、付加価値額の定義式が縦軸に与えられ、部門ごとに、

　　　中間需要＋最終需要－移輸入＝生産額*

　　　中間投入＋粗付加価値額＝生産額*

が成立している（＊生産額は、県民経済計算の産出額にあたる点に注意）。ここから、投入産出の比として投入係数が、またある産業に1単位の最終需要が生じたときに各産業で誘発される生産を示す逆行列係数が求められ、それぞれ投入係数表、逆行列係数表として作成される。

2 地域経済構造分析

産業連関表から産業別に作成される指標の代表的なものには、下記がある。
- ・産業別構成比＝各産業の生産額／総生産額
- ・特化係数＝県の構成比／全国の構成比
- ・自給率＝県内生産額／県内需要＝１－移輸入率
- ・移輸入率＝移輸入／県内需要
- ・移輸出率＝移輸出／県内生産額

　これらの指標によって、どの産業に特化しているのか、基幹産業は何かといった域内産業の特性や、地域内で自給できる産業は何か、他地域に頼る産業は何かといった県際収支の特性を、分析することができるのである。

　また、経済発展と産業構造変化の関係を視覚的に示すものとして、Leontief により開発されたスカイラインチャート（Leontief, Wassily W.（1963）"The Structure of Development", In *Input-Output Economics*, ed. by Wassily W. Leontief, Oxford University Press, 1966, pp. 162-187.）がある。各部門の需要と供給が同時に均衡する関係式から、同一の県内最終需要を基準に自給率、移輸入率、移輸出率を求め、県内供給構造および移輸出入のパターンを、簡易な図として示すものである。

3 経済波及効果分析

　ある産業の最終需要を引き起こす特定の経済施策が、その産業の生産とともに、他の産業の生産も誘発していく効果を分析するものである。はじめに、需要増加により生じる最初の生産額の増加（直接効果）と、直接効果にともなう原材料の投入増加により誘発される生産額の増加（第１次間接効果）の合計が、逆行列係数表を用いて求められる。それに加えて、粗付加価値額（所得）の増加に誘発される生産額の増加というマクロ経済の波及効果が加わり、効果の総額が決まる。この波及効果は、理論的には誘発される生産額が０になるまで波及するが、実際には第２次波及効果までが計算されている。

　特定施策に関する経済効果の測定は適応が比較的簡単であり、最新の問題に対して明快な回答を与えてくれるから、広く政府や民間の諸機関で利用されてきた。自治体によっては、経済波及効果簡易分析ツールが用意されている。

（塚本　純）

公共事業の費用対効果と採算性

あなたは誰の損得を語りますか？

⚷ keywords　プロジェクト評価　経済評価　費用便益分析　費用対効果　採算性

1　「費用対効果」「採算性」とは

　公共性の高い事業・プロジェクトを経済的に評価する方法としてよく活用されるものに、「費用対効果」と「採算性」という二つのものがある。費用対効果とは、要するにコスパのことで、掛かる費用に対して得られる効果がどの程度か、効果の方が大きいのか、といったことを捉える考え方である。採算性とは、要するに収支のことで、赤字か黒字かの議論である。費用対効果は、政府（国や自治体）が負担する費用に対し、社会に広く生じる効果が十分な大きさなのかを確認する分析方法だ。採算性は、通常、そのプロジェクトを行う主体の収支に着目する。政府が財政負担して実施するプロジェクトならば、自治体にとっての採算性や第3セクターなどの運営会社にとっての採算性が論じられる。

　シンプルにいうと、費用対効果は社会のみんなにとっての費用と効果を比較する考え方で、採算性は誰かの収入と支出（つまり誰かの損得）を差し引きする考え方だ。その理由は、何を捉えようとしているかが異なるからである。

2　費用対効果の射程と費用便益分析

　費用対効果では、お金として見えるものだけでなく、エネルギーや資源の消費も、便利、快適、安全、安心といった暮らしの質も評価の対象となる。これらを良くするものは効果があるし、節約したり悪い状態を減らしたりすることも効果となる。これらの効果は当然ながらお金として見えるものではない。費用に見合う効果かどうかといわれても、客観的な判断は難しい。私たちは様々な買い物をしているが、客観的にお得かどうか、コスパがいいのかどうかよくわからないだろう。でも、自分のお金だから自分が良ければいい。結果として損をするのも自分だからいいかげんな意思決定でも自分で責任を取れるのだ。それに対して公共性の高い事業、税金を使う事業となると、そうはいかない。効果もお金で測りた

いという話になる。そこで出てきた技術が費用便益分析である。効果の部分も金銭ベースで計測して費用と比較する費用便益分析という手法では、社会全体を対象とした計測に加え、主体別の計測、つまり主体別の費用と効果の損得関係を表にまとめる仕組みも研究され、計測可能となっている（帰着便益構成表）。

3　採算性が語るものの限界と意義

　採算性では、赤字か黒字かが論点だ。収入と支出、つまりはお金の出入りである。これは支払う人がいて受け取る人がいるわけだから、社会全体で合計するとゼロになって意味がない。よって、誰かの収支に着目するわけである。

　さて、収入を得る仕組みがないと、収入は 0 円。採算性は大赤字だ。みんなが普段使っている道路（有料道路ではない無料で通れる道路）は国や自治体が整備したものだが、料金は取っていない。道路を整備したり管理したりする事業は大赤字、採算性がきわめて悪い事業だ。そういうことになると無意味な評価になってしまうので、採算性を議論する際には、利用料金などの収入源を持つプロジェクトを対象にする。収入を得る仕組みがうまく機能するプロジェクトは採算性が高くなりやすい。そして、そのようなプロジェクトは旨味があるから営利企業（いわゆる普通の民間企業）が喜んで実施するはずである。つまり、自治体が行うような公的なプロジェクトは、普通は赤字になってしまうものなのだ。そして、受益者全員からではなく、受益者として特定しやすく取りやすい人から料金を取ることになる。あなたが恋人の住む町まで市が運営するコミュニティバスで会いに行ったとしよう。市があなたから料金を取ることは容易だが、あなたと同程度に会えてうれしいはずの恋人からお金を取ることは難しい。恋人の分を合わせて 2 倍払えとも言えない。他の客は一人分しか払っていないのだから。車で会いに行くよりも排ガスや事故のリスクが減りそうだが、その受益者たる地域住民のお宅を回って集金するわけにもいかない。

　最後に、自治体にとっての採算性を知ったところで意味があるのか、言及しておこう。自治体にとっての採算性がわかれば、財政への影響がわかる。もしも巨額の赤字になるなら、住民のための良い事業でも問題だ。その赤字が財政を逼迫し、様々な行政サービスが縮小されてしまうかもしれないからである。地域住民の暮らしを守るためにも、あまりにひどい採算性は要注意なのである。

（阪田　和哉）

Interaction

Chapter 7

地域の人と学び

nd Learning

　地域デザインは、そこに参加する人々の相互行為により生み出されるものである。こうした前提に立つならば、私たちは、参加する一人ひとりを理解し、それぞれが支え合い、生かし合うことのできる環境をつくっていかなくてはならない。本章では、人の成長や当事者を中心に社会・空間を捉える視点として、「生涯の発達」「well-being」「人間中心設計」「高齢者施設」「ダイバーシティ」、人々の相互の関係性を捉える「会話分析」「多世代の連携・活躍」、そして、地域の中で学び成長したり、技術を活かす「学校と地域の連携」、「地域に根ざした学び」、「環境学修」、「地域の建築家」、といった 11 のテーマについて紹介する。

　人生 100 年時代に突入しつつある。100 年を豊かに過ごそうとするときに、私たち一人ひとりの幸福感や生き方は変わるだろう。そしてそれを助ける学びの場のあり方も変わる。こうした時代では、一様ではないコミュニティや地域の特性に応じた人の理解や関わり方、そして学びの場をデザインするための力が必要なのである。

人間の一生涯の発達という視点

🔑 keywords　　発達段階　生涯発達　サクセスフル・エイジング　老年的超越

1　地域で生きる様々な世代とその循環

　地域は、赤ちゃんから高齢者まで様々な世代の人々によって構成され、相互に関わり合っている。ある時点での赤ちゃんも、時を経て、青年になり、中年になり、高齢者とよばれる世代になる。一生涯をいくつかに分けて表現するときに、心身の機能や行動の内容に変化が起こる時期に対応させたものを発達段階とよび、例えば、乳児期、幼児期、児童期、青年期、成人前期、中年期、高齢期、といった区分がなされる。それぞれの発達段階のあり様は、どのような変化が起きるかというある程度のまとまりをもちながらも、もちろん個人差を含むものではあるが、時代や社会文化的背景との関係からも異なってくる。例えば、現代日本における 60 代と 100 年前の日本の 60 代とでは、同じようには捉えられない側面がある。このように、人の発達は生物としてのみ規定されるわけではなく、その人が生きる社会と分けて考えることはできない。しかし、時代が変わったら、発達の順序が入れ替わることはあるかというと、人間がうまれてすぐに立ち上がり走り回るようなことは、現実的には想定されないだろう。遺伝的に規定された発達順序と環境との相互作用の中で、その発現時期や現れ方に共通性や違いが生まれると考えられる。地域に生きる人々の成長を支え合い、関わり合っていく上で、それぞれの発達段階の特徴を知っておくことは重要である。

2　生涯の発達？

　「発達」ときいて、何を思い浮かべるだろうか？何かができるようになること、成長、そのようなことがイメージされやすいだろう。その意味で、子どもの発達といえば、身体の発達、言葉を理解し話せるようになる言語の発達、論理的な思考ができるようになる認知の発達、人との関わりを広げ、深めていく社会性（対人関係）の発達、など、獲得方向への変化が色々と思い浮かぶだろう。また、思春期・青年期であれば、二次性徴による成熟や、自分らしさとは何かといった自

我の問題への対峙などの精神的な成熟が見られる。では、それ以降の世代、すなわち成人期以降の発達とはどういったものだろうか？　確かに、これまでのように身長は伸びないし、身体能力もピークを過ぎる、記憶力が悪くなるようなイメージもあるだろう。すなわち、獲得された能力を喪失していく過程のようにも思われる。しかし、私たちは青年期で完成され、後はすべてにおいて衰退していくだけの存在なのだろうか？　そうではないだろう。確かに獲得方向への変化が多い青年期以前の発達はよく扱われてきたテーマであるが、現在は、受胎から死に至るまでの一生涯の発達を生涯発達として積極的に扱うようになっている。失うことへ適応する過程で得られる「知恵」や「熟達」は成人期以降に醸成される。このように、私たちの生涯は「獲得しつつ失う、失いつつ得るという両方が並行して進む営み」（岡本 2013：2-5）といえるのである。

　成人前期には、青年期に模索したアイデンティティを、就業等を通じて実践的に確かめようとする。中年期は、自分がもう若くないという現実を身体的な衰えなどを通して受け入れながら、家庭や職場や地域で複数の役割を担う中で、残りの人生をどう生きていくか再び模索するようになる。高齢期は、人生を振り返り、これまでの良いことも悪いことも受け入れ、有限の人生に意味を見出していくことが課題とされていたが、現代日本の高齢期は非常に長い。地域活動などにより新たな役割や生きがいを見出す人も多い。このように、うまく老いていくことは、サクセスフル・エイジングともよばれるが、長生きをすれば身体機能の低下は避けられない側面があり、行動することが困難にもなる。現在では、そのような身体機能や社会的関係の喪失の中にあって、心理的適応をもたらす要因について研究が進んでおり、例えば、トーンスタム（Tornstam, L.）の提唱した老年的超越（生産性や活動性などこれまで重視されていた価値観から離れ、自己超越へと向かうこと）などが取り上げられている（中川 2010：31-39）。複雑さを増す現代にあって、人間の生涯にわたる発達を多元的・多方向的に理解することは、新たな人間観をもたらすものとして、益々重視されるだろう。

（白石　智子）

引用文献

岡本祐子 2013「心の成長・発達を捉える視点」岡本祐子・深瀬裕子編著『エピソードでつかむ生涯発達心理学』ミネルヴァ書房

中川威 2010「高齢期における心理的適応に関する諸理論」『生老病死の行動科学』15, pp.31-39

すべての人の well-being 実現のために
当事者視点の地域づくり

⚲ keywords　well-being　ニード　当事者　障害者差別解消法　合理的配慮

1　well-being とは

　国連の専門機関である世界保健機関（World Health Organization: WHO）は、WHO 憲章での前文において「健康」を次のように定義している（太字は筆者による）。

　　*"Health is a state of complete physical, mental and **social well-being** and not merely the absence of disease or infirmity."*

　この WHO の健康の定義は、1946 年の官報では、「完全な肉体的、精神的及び社会的福祉の状態であり、単に疾病又は病弱の存在しないことではない」と掲載された。この定義で使用された「social well-being（社会的福祉の状態）」は、「社会的に良好な状態」「社会的にもすべてが満たされた状態」とも訳されている。日本国憲法第 25 条では、健康で文化的な最低限度の生活を営む権利と国の責務が規定されているが、well-being は憲法で謳われている生存権の保障だけでなく、人間的に豊かな生活の実現を支援し、人権を保障するための多様な社会のしくみで達成される。

2　地域で何ができるのか

　ならば、地域社会では well-being のためにどのような社会的なしくみが必要だろうか。社会福祉やソーシャルワークでは、「必要」は「ニード」（ニーズと複数形で示されることもある）と呼ばれ、ブラッドショー（Bradshaw, J.）によるニードの類型がよく知られている（Bradshaw 1972）。しかし、ブラッドショーの 4 つの類型には感得されるに至らない当事者の「潜在ニーズ」に概念が与えられていないという指摘やニード概念はパターナリズム（父権的保護主義）をひきおこすという論点がある。この問題に対する現実的な対応は、ニード把握の対象、基準、方法の決定や測定されたニードに基づいて政策決定を行うにあたって、当事者の意向を有効に反映させ、パターナリズムが作用する範囲を縮小できるようなしく

表1　ブラッドショーによるニードの4つの類型

ニードの類型	内容
Normative Need 規範的ニード	専門家または専門職、行政官または社会科学者が、一定の状況でニードを定義するもの。「望ましい」基準と実際の状態が比較され、個人や集団が望ましい基準に足りていなければ、ニードがあると認識される。
Felt Need 感得されたニード	ここでのニードは、欲求（want）と同じ。ニードがあると本人や集団が感じている場合を指す。フェルトニード自体は、「真のニード（real need）」の適切な測定ではない。
Expressed Need 表明されたニード	表明されたニードまたはデマンドは、フェルトニードが行動化したもの。
Comparative Need 比較ニード	サービスを受けている人と同様の特性を持ちながらサービスを受けていない場合は、ニードがあるとみなされる。この定義は、個人や地域のニードを評価するために使用される。

（出典）Bradshaw（1972）をもとに筆者作成

みをどのように作るかが課題であるとされている（平岡他 2011：432-433）。この課題を見据えつつ、まず地域で、サービスのエンドユーザーである「当事者」と出会うことから始めてみてはどうだろうか。

3　想像と創造

2016 年に、国連の「障害者の権利に関する条約」の締結に向けた国内法制度の整備の一環として、「障害を理由とする差別の解消の推進に関する法律」（いわゆる「障害者差別解消法」）が施行された。これにより、不当な差別的取扱いが禁止され、合理的配慮の提供が義務化された。この法制化のためには、国内で当事者団体を含め関係各者の話し合いが何度も行われた。well-being 実現のために、当事者視点がいかされ、結実した例と考えてよいだろう。

ニードは障がいがある人や一部の人だけでなく、あらゆる人に存在する。障がいがある人たちの施策を手本としながら、ニードがある「当事者」の存在を「想像」し、その人にとって「空気のような、当たり前の援助」を「創造」していくことが、すべての人の well-being の実現につながると考えられる。

（安高　真弓）

引用・参考文献

Bradshaw, Jonathan, 1972, Taxonomy of social need, in McLachlan, Gordon. ed. *Problems and progress in medical care : essays on current research,* 7th series, Oxford University Press, London, pp.71-82.

平岡公一・杉野昭博・所道彦・鎮目真人 2011『社会福祉学』有斐閣、pp.432-433

地域デザインにおける人間中心設計

🔑 keywords　人間中心設計

1　人間中心設計とは

　人が入ろうとしているエレベータで誤って閉ボタンを押してしまったり、押して開ける扉を引いてしまったりしたことは、多くの人が経験していることだろう。その一方で、初めて使うソフトウェアや家電製品であっても、マニュアルを読まなくても問題なく使える場合も多い。物や空間を設計するときに、使う人のことを中心に考えることを人間中心設計（Human Centered Design）と呼ぶ。

　ISO9241-210 では、人間中心設計の設計プロセスを、①ユーザの特性を理解し、②ユーザの要求事項を特定し、③解決策を考案し、④解決できたか確認するという、一連の活動としている（図1）。意図したように使えない家電製品やコミュニケーションの取りにくいオフィスなどでは、設計時の人間中心設計が不十分な場合が多い。

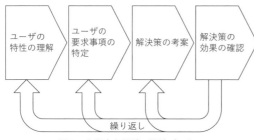

図1　人間中心設計の設計プロセス

2　人間中心設計の着目点

　ユーザにとって使いやすい製品や空間の設計を目指す人間中心設計では、人の身体のサイズや可動域といった人間工学的な視点だけでなく、人の生理的な適応範囲や認知特性といった環境生理心理的な視点も必要である。その中でも、ここでは認知心理とアフォーダンスについて紹介する。

　多くの人が上を見上げているときに上を見てみたくなったり、騒音の中でも会話の相手の声が聞き取れたりするような、人の感情の変化の特性や脳の処理特性を認知心理と呼ぶ。認知心理は、感覚器官により入力される外界からの刺激の意味の解釈における偏りを明らかにするものであり、例えば周囲の人につられてつ

い自分もやってみたくなることは同調効果と呼ばれ、聞きたい音を選択的に聞き取れる特性はカクテル・パーティ効果と呼ばれている。家電製品のスイッチや建物のフロアマップなど、人が積極的に情報を得ようとするインターフェースのデザインにおいて、認知心理は人間中心設計の重要な視点となる。

　金属のプレートが貼られている扉を開けようとするとき、あえてその扉を引こうとする人は少なく、多くの人は特に意識せずその扉を押すであろう。ドアにノブがあれば握って捻ってみるだろう。特定の様式に偏った行為を誘発するようなインターフェースの特性をアフォーダンスと呼ぶ。人間中心設計にアフォーダンスを取り入れることで、マニュアルの確認など人に認知的な負荷をかけることなく、意図した行為が誘発される可能性を高めることができる。

3　人間中心設計の効果

　人間中心設計の視点に基づき家電製品や空間、都市をデザインしたとしても、本当に意図した効果を得られているかは確認しなければわからない。人間中心設計の効果は、その物・空間を使った人の生理心理的な反応や行動を観察することにより検証することができる。

　オフィスの空調が創り出す温熱環境の効果を検証する場合、脳波や心拍変動はリラックスの程度や集中度合を生理的に確認する指標となる。心理的な評価には、生産性や疲労度などの主観的な評価が用いられることが多い。実際の作業の進捗や疑似タスクを用いた作業成績は行動に着目した評価となる。

4　地域デザインにおける人間中心設計

　熱帯地方で幼少期を過ごした人は発汗能力が高いため除湿により涼しさを感じやすいが、北極圏で幼少期を過ごした人は発汗能力が低いため除湿による涼しさを感じにくい。年齢や性別、職種などユーザの属性や背景の違いにより認知心理やアフォーダンスなどの特徴も異なる。地域デザインにおける人間中心設計は、このようなユーザの多様性に基づいて進められる必要があるだろう。

（糸井川　高穂）

参考文献

ISO 9241-210 Ergonomics of human-system interaction- Part 210: Human centered design for interactive systems.

7-4

高齢者施設における環境づくり

keywords　環境づくり　PEAP　キャプション評価法

1　自分で生活環境を整えられない人のために

　ある有名な高齢者施設の理事長は、「24 時間介護と言っても、1 人に関われる時間は正味 1 日数時間程度で、それ以外は相手をしてくれる人はいない。ならば、その分は環境が面倒をみるしかない」と言って、木でも動物でも使える物は何でも使って、生活環境を豊かに整えたそうである。

　一方、国でも環境の重要性を認識して 2000 年頃から、それまでの病院をモデルとした施設から、住宅をモデルとした「個室ユニット型」や「グループホーム」という新しい施設への転換と普及を図ってきた。ただし、容れ物は整えても、そこに暮らす人々の住みこなしがないと、うまくはいかない。高齢者施設の入居者は日常生活と同様に、自分の生活環境を整えることも難しくなっている。その際、本人に代わって環境を整えるのは、施設の担当の介護職員ということになる。ところが、介護職員は人に対する介護の技術に関しては研鑽を積んでいるが、環境を整えることについては意識も技術もまだまだ不十分なことも多い。

2　認知症高齢者に配慮した施設環境づくり支援プログラム

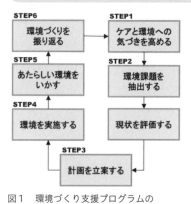

図1　環境づくり支援プログラムの
　　　6 ステップ
　　　（参考）ケアと環境研究会

　「ケアと環境研究会」では 2002 年頃から、高齢者のための環境づくりに対して、6 ステップからなる「認知症高齢者に配慮した施設環境づくり支援プログラム」（図 1）を用いて、各地で研修・指導を行っている。基本的な考え方は「PEAP」（日本版 3：認知症高齢者への環境支援のための指針）にもとづき、「キャプション評価法」（写真 1）を用いた環境点検ほか、多様なワークシートなどを用いて、PDCA サイクルを回す。環境

写真1　キャプション評価法による環境点検の様子

表1　環境支援3要素と具体例

支援要素	支援の内容
物理的環境	小物・建物・設備 屋外や近隣環境 など
社会的環境	介護者の意識・関わり方 入居者や職員の特徴 など
運営的環境	施設方針 サービスプログラム など

づくり自体は例えば「車イスの方にも見やすいように時計の位置を下げた」のように、簡単で効果の高いものも多いが、多種多様な職員間で共有・合意しながら進めていくのが難しいところなので、そこを支援できるようになっている。

　また、環境は、物理的環境だけでなく、社会的環境、運営的環境もあり、介護職員とケアは社会的環境の要素のひとつと捉えることができる（表1）。ある入居者に対応するときに、ケアだけでなく、物理的環境や運営的環境も用いて対処できれば、その分ケアが楽になり、職員も解決策の引出しを多くもつことができる。

3　環境づくり活動の発展と展開

　同支援プログラムは主に認知症高齢者を主眼においているが、認知症でない高齢者にとっても有用である。また、環境づくりの深度が増してくると、個人に焦点をあててケアプランにまで反映する事例も見られるようになってきている。さらに、入居施設だけでなく、通所事業所や在宅高齢者の環境づくりにも、水平展開がなされている。ある法人では、環境づくりの取り組みを年に1回複数の施設の代表者がお互いにピアチェックし、取り組みの維持・発展、人材の育成を図っている。

　同時期に、保育の世界においても、環境の重要性が認識されるようになってきている。環境づくりができる感性とスキルを持った人材、さらにそれを他の人に教えられる人材は、どこに行っても重宝されるに違いない。

（古賀　誉章）

参考文献

環境づくり .com　http://www.kankyozukuri.com/index.html（2020.2.6 閲覧）
児玉桂子・古賀誉章・沼田恭子・下垣光編　2010『PEAP にもとづく認知症ケアのための施設環境づくり実践マニュアル』中央法規出版

同調性から多様性を尊重する
ダイバーシティ社会へ

keywords　ダイバーシティ　多様性　ダイバーシティ・マネジメント

1　ダイバーシティとは

ダイバーシティ（Diversity）とは、「多様性、相違点、多種多様性」という意味であり、もっとシンプルな表現にすると「人と人との違い（Difference between people）」である。

ダイバーシティの発祥の地である米国雇用機会均等委員会（EEOC）において、「ダイバーシティとは、ジェンダー、人種・民族、年齢における違いのことをさす」と定義されていた。もともと職場における人材活用の多様性において長い歴史を持つ米国で、近年においては、ダイバーシティの捉え方がこの限定的な定義からより包括的な意味へと変容してきている。よって、包括的なダイバーシティの定義は「組織における人材が均質な状態から、多様な人材の集まっている状態や、異なる人が混在している状態」を意味している。

日本において、ダイバーシティの議論が始まったのは、「日経連　ダイバーシティ・ワークルール研究会」が設立された 2000 年からである。そこでのダイバーシティの定義は「ダイバーシティとは『従業員の多様性』のこと。性別、人種、国籍、宗教など、異なる背景や価値観を持つ人々がともに働くことで生産性を向上し、創造性を高めていこうという考え方」（労基旬報平成 15 年 10 月 15 日号）としている。

図 1　ダイバーシティの分類
（出典）中村（2017）より筆者が加筆修正

2　ダイバーシティの分類

ダイバーシティは時代の変遷とともに、個人の属性からあらゆる属性と多岐にわたってきている。これらを分類すると表層的と深層的に分類される。表層的なダイバーシティは、性別、人種、国籍、年齢、性的傾向、身

体的な特徴など外見で識別可能なものであるのに対して、深層的なダイバーシティは、外見からは判断しにくいものである。それらは、個々の考え方、習慣、趣味、職歴、スキルレベル、価値観、仕事観などといった内面的な特性である。

3　ダイバーシティ・マネジメント

ダイバーシティ・マネジメントとは、組織における個人の持つ属性（多様性）を活かす管理手法である。米国では、ダイバーシティ＆インクルージョン（多様性の受容）と言われている。異なる者同士が協働する場合に最重要課題となるのが、コミュニケーションである。違う者同士がわかりあい相手を受容するためには、しっかりと相手と向かい合いお互いの違いを認め合うことが必要である。言い換えれば、ダイバーシティ社会にはコミュニケーションが基本である。

4　ダイバーシティ社会に向けた主な取り組み

栃木県では、とちぎ働きやすい企業やとちぎ女性活躍応援団と称して、女性、障害者雇用や若年者雇用、従業員の子育て配慮など、様々な課題に積極的に取り組み、成果を上げている企業事例を紹介し、優れた取り組みをしている企業を表彰している。学校教育や生涯学習では、障害者や性的マイノリティなどの多様性について学び人権問題への理解を深め、人権意識を高めている。また、防災における「ダイバーシティ」の視点の重要性を認識し、今後災害に備えるために何をすべきかを家族で、自治会・地域での研修や、避難所運営について考え学び実践できるよう研修を実施している。

人種、民族、国籍、宗教や社会的階層などの属性が多様ではなかった日本が、少子高齢化による人口減少および、生産年齢人口の減少により、日本企業を取り巻く経営環境が大きく変化したことによって、ダイバーシティの必要性について議論が始まった。これはほんのきっかけに過ぎない。ダイバーシティという言葉だけがひとり歩きするのではなく、「個を活かす社会とは」と常に問い続けなければならない。

（川面　充子）

参考文献

谷口真美　2008「組織におけるダイバシティ・マネジメント」『日本労働研究雑誌』50(5)，pp.69-84

中村　豊　2017「ダイバーシティ＆インクルージョンの基本概念・歴史的変遷および意義」『高千穂論業』52(1)，pp.53-82

7-6

コミュニケーションへの科学的アプローチ

🔑 keywords　会話分析　エスノメソドロジー　自殺防止電話相談　遠距離介護

1　実践における「方法」の解明

　会話分析とは、1960 年代にサックス（Sacks, H.）、シェグロフ（Schegloff, E.）、ジェファーソン（Jefferson, G.）らによって生み出された、コミュニケーションへの科学的アプローチの 1 つである（Sacks 1992; Sacks, Schegloff & Jefferson 1974）。それはガーフィンケル（Garfinkel, H.）によって切り開かれた、社会の中で人々が用いる「方法」それ自体の探求というエスノメソドロジーという革新的な社会学の方向性を、ゴフマン（Goffman, E.）が取り組んだ日常の社会的相互行為の分析に適用することで実現したものであった。電話会話の録音によって始まった会話分析は、その後、ビデオデータを利用して、視線、うなずき、姿勢、指さしといった身体的な側面も含み込んだ分析へと広がっていった（平本ほか 2018）。

　会話分析の際だった特徴は、データの中で実際に相互行為を取り交わしている参与者たちの「志向」に徹底的に根ざした分析を行うという点にあり、研究者がデータの外部から説明を押しつける研究態度を排除する。そうした厳格な方法論は、実践における人々の「方法」それ自体を、類のない精密さで解明してきた。その知見は、同様の場面に直面した参与者がその「方法」を参考に、新たな指し手を生み出すことを可能にする。それゆえ会話分析の成果は、医療・福祉・教育・メディア・裁判・サービスなど、人々の実践が存在するあらゆる領域に、大きな示唆をもたらすものである（Sidnell & Stivers 2012）。以下 2 つの具体例を紹介しよう。

2　自殺防止電話相談と遠距離介護の会話分析

　サックスは、自殺防止の電話相談の録音の分析を行い、自殺防止センターの電話スタッフが、かけ手の名前を聞き出すことを、明示的に相手に名前を尋ねることなく、電話の冒頭部で自らが名乗りを行うことで実現することを明らかにした。これは人が相手に名乗られると、自ら名乗りを行うという社会秩序が利用さ

れているからに他ならない。ところが、かけ手の聞き直しなどによってこうした機会がパスされると、電話のスタッフはもはや相手から名前を聞き出す機会を逸してしまう。明示的に名前を尋ねることの合理性を電話のスタッフはかけ手に示すことができなくなるのだ（Sacks 1992）。こうした知見は、深刻な問題が扱われる場面で、他者からいかにその人の情報を引き出しうるのかという問題とも結びつくものだろう。

　離れて暮らす親子の介護、いわゆる遠距離介護の現場では、しばしば、高齢者、離れて暮らす子供、福祉の専門職者のスタンスが食い違う。それゆえケアカンファレンスにおける意思決定ではこのような、相異なるスタンスをいかなる形で調停するかが参与者の課題となっている。この時、用いられる1つの方法が、統語的に自らの発話をあえて完成させず、相手の反応の機会を発話の内部に作り出すことであり、他方、受け手は、その統語的な発話の続きを産出することで、相手に協調的な姿勢を示すのである（中川 2016）。

3　地域デザイン科学への示唆

　地域のデザインが、そこに参加している人々の実践に根ざしていることを鑑みれば、そもそも人々のどのような実践が、どのような「方法」で地域のデザインを生み出しているのか、実際の相互行為の中からボトムアップ的に把握することが不可欠である。まだ数少ないこの分野における会話分析的な研究の（平本2014）、さらなる展開が期待されるところである。

（中川　敦）

引用文献

Sacks, H., 1992, *Lectures on Conversation*, vol: I, II, Gail Jefferson ed., Oxford: Blackwell.

Sacks, H., E. A. Schegloff & G. Jefferson, 1974, "A Simplest Systematics for the Organization of Turn-Taking for Conversation," Language, 50: 696-735.

Sidnell, J. & T. Stivers, （Eds.）, 2012, *The Handbook of Conversation Analysis,* Blackwell-Wiley.

中川敦 2016「遠距離介護の意思決定過程の会話分析——ジレンマへの対処の方法と責任の分散」『年報社会学論集』29, pp.56-67

平本毅 2014「組織活動の現場での『志』——NPOのミーティング場面の会話分析」『フォーラム現代社会学』13, pp.18-31

平本毅・横森大輔・増田将伸・戸江哲理・城綾実編著 2018『会話分析の広がり』ひつじ書房

多世代が連携・活躍する社会

♀ keywords　少子高齢化　人口減少　世代間交流　地域協働

1　少子高齢化社会に直面して

　少子高齢化社会や人口減少社会に突入し、私たちにはこれまでに経験しなかったような変化が強く求められるようになった。

　政策面では、幼児教育・保育の無償化、女性の就業や高齢者再雇用（定年延長）の支援、子育て支援、年金制度の改正、入国管理法の改正による外国籍労働者の受け入れ拡大、さらには高齢者の医療費抑制を睨んだ健康増進事業など、政府や地方自治体はあの手この手で対策に躍起となっているのが現状である。

　市場においては、国境を超えて展開するグローバルIT（情報技術）関連企業が、一国の政府を凌駕するかのような勢いとなり、人々の生活に浸透するようになった。また、情報の取得やキャッシュレス決済などをめぐり、若い世代と高齢世代とのデジタル・デバイド（情報格差）を拡大させる。一方でAI（人工知能）も含めた情報技術の活用次第では、教育や学びへの導入や従来の労働の肩代わり・下支えなど、あらゆる世代に恩恵を与える可能性がある。

　地域活動においても、町内会・自治会活動の担い手を高齢世代から次世代へ引き継ぐのは簡単なことではない。自治会加入率の低さに悩む地域は多い。文化・習慣や使用言語の違いを持つ外国籍住民との共生は、ゴミ出しルールの伝達や受け入れ一つをとっても難しい。

　こうした中、多世代間の連携・活躍により、同世代間の連携だけでは克服と展開が難しい地域社会の困難を打破することができるのではないだろうか。

2　多世代が連携する協働とは

　一例を挙げたい。たとえば、小学校は、当該地域の児童・生徒を育む教育の拠点であり、精神的にも物質的にも長い年月に及ぶ地域住民のボランタリーな支えと愛情があって存続してきた貴重な社会資源の一つである。統廃合が地域に及ぼす打撃は決して小さくない。そこでは、児童・生徒の日常の学校生活や学校行

事、校外学習などを通じて、地域住民との小さな交流の機会が積み重ねられてきた。その意味では、学校の廃校は単なるハード面だけでなく、地域住民の心の拠り所の消失でもある。

しかし、仮に耐震構造の補強やリフォームの公的支出が可能だという前提で、廃校後のあり方について当該小学校区の住民の意思が尊重されたとしよう。話し合いの結果、小学校を児童・生徒の教育機能に特化せずに、生涯学習の場として、また、高齢者が集うと同時に介護機能も備えた場として活用することになった。3階を児童・生徒の教育の場、2階を生涯学習の場、1階は介護機能を備えた高齢者の集まりの場とするのである。

こうした複能施設ができれば、児童・生徒の教育機会が失われず、高齢者と児童・生徒との交流の機会も生まれる。日常の挨拶や会話だけでなく、高齢者が授業に出向いて経験談を児童・生徒に話したり、児童・生徒が介護の現場を直接経験したりする。子どもたちの生き生きとした姿に役立っていると実感することが高齢者の元気・活力につながる。子どもたちにとっても高齢者の規律ある立ち居振る舞いから学ぶことは多く、そのことは父兄を喜ばせ、子どもの親世代と高齢世代との交流も生まれる。

3　持続可能な地域社会へ

もちろん多世代間でも同世代間でも交流の価値観や捉え方は個々人によって異なる。しかし上記の事例は、学校の統廃合という重い課題に直面した地域社会において、多世代が連携・活躍し、社会の元気と活力をもたらす協働実践の典型である。

このように考えると、地域において私たちができる協働は、決して少なくないことがわかる。住民がその地域を自分たちのために良くしていこうという思いがどれだけあるか、まずはできる範囲で一歩踏み出してみる。公的セクター（行政）や私的セクター（企業）に全面的に依存せずに、当該地域の住民セクターがいかに行政や企業などからの側面支援を得ながら、多世代かつ多様な人々の間でのポジティブな関係性の構築を通じた、持続可能な地域社会の形成に寄与できるかが、問われている。

（中村　祐司）

社会教育主事（社会教育士）による
学校と地域の連携への支援

⚲ keywords　　社会教育　社会教育主事　社会教育士　地域連携教員

1　学習の支援者としての社会教育主事（社会教育士）

　社会教育主事とは社会教育法によれば、「社会教育を行う者に専門的技術的な助言と指導を与える。ただし、命令及び監督をしてはならない」（第9条の3）とされている。具体的な職務としては、公民館や生涯学習センターなどでの講座等の企画・立案および運営、教育委員会における生涯学習関連計画の策定、学校との連絡調整などをあげることができる。

　2020（令和2）年より社会教育主事講習等規程が改正され、新課程で規定の単位を取得した社会教育主事は「社会教育士」と呼称することが可能となった。2018（平成30）年の中央教育審議会『人口減少時代の新しい地域づくりに向けた社会教育の振興方策について（答申）』によれば、社会教育士は社会教育施設における活動のみならず、環境や福祉、まちづくり等の社会の多様な分野における学習活動の支援を通じて、人づくりや地域づくりに関する活動に積極的に携わっていくことが期待されている。

2　社会教育主事（社会教育士）に求められる資質・能力

　1986（昭和61）年の社会教育審議会成人教育分科会「社会教育主事の養成について（報告）」では、学習課題の把握と企画立案の能力、コミュニケーションの能力、組織化援助の能力、調整者としての能力、幅広い視野と探究心、があげられていた。また、2008（平成20）年の中央教育審議会「新しい時代を切り拓く生涯学習の振興方策について　知の循環型社会の構築を目指して（答申）」では、関係する地域の人材等の連携のための調整、関係者の具体的な活動を触発していくコーディネーター、学校・家庭・地域住民等の連携に関する事務について学校長の求めに応じて助言、があげられており、地域における課題の解決のために人と人、地域と地域をつないでいくような力を身につけていくことが重要だという

ことができる。このような力を学校現場において発揮してもらうことを念頭に置いているのが地域連携教員である。

3　地域連携教員による学校と地域の連携

　地域連携教員は 2014（平成 26）年から始まった栃木県独自の制度であり、同様の取り組みは栃木県以外でも行われているが、県内の全ての公立の小学校・中学校・高等学校・特別支援学校に設置されていること、校務分掌に位置づけられていること、基本的には社会教育主事の有資格者を指名することなどが栃木県の取り組みの特徴だといえる。地域連携教員が行う業務としては、（1）学校と地域が連携した取り組みの総合調整に関すること、（2）学校と地域が連携した取り組みの連絡調整や情報収集に関すること、（3）学校と地域が連携した取り組みの充実に関すること、が挙げられている。連携のイメージは下図の通りである。

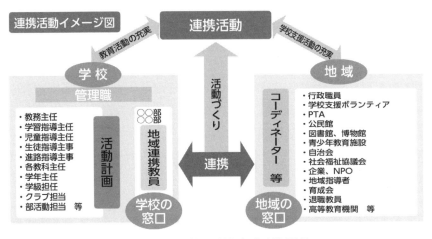

図 1　地域連携教員の制度が目指す推進体制

（出典）栃木県教育委員会（2017）『学校と地域を結ぶ〜学校と地域の連携を進めるノウハウ〜　地域連携教員のための手引き書』p.9

　小学校や中学校においては学校支援ボランティアとの協働や連絡調整など、地域から学校へという流れになっていることが多いが、高等学校では学習成果を踏まえて学校から地域へ積極的に関わっていくような事例（那珂川学や烏山学など）が増加している。今後もその取り組みを充実させていく必要があるだろう。

（若園　雄志郎）

地域に根ざした学びの意義と実践

あなたは地域を通じて何を学ぶのか

---

keywords サービス・ラーニング　リフレクション　相互関係

1　地域に根ざした学び：サービス・ラーニングの特徴

　学生の学びと地域社会における諸課題をつなげ、より理論的で実践的な知識や技能を身につけようとするサービス・ラーニングは、1990年代からアメリカで本格的に導入された。日本の大学で本格的に導入され始めたのは2016年頃からである。サービス・ラーニングの定義は様々だが、共通する特徴は、地域と大学・学生の互恵的な（reciprocal）関係のなかで、教育者による目的に沿った計画的な（intended）環境の下、学習者が経験を通して内省（refraction）することによって、論理的・客観的・合理的に思考すること（critical thinking）を促す点にある。また、カリキュラムを構成する際や地域と大学の関係を構築する際に重要となるのは、「学生の学び」と「地域的な成果」のバランスである。双方の変容を前提とする点において、サービス・ラーニングは、ボランティアやインターンシップ、フィールドワークとは異なるといえる。

2　サービス・ラーニングの実践事例：宇都宮大学「地域プロジェクト演習」

　宇都宮大学地域デザイン科学部は、文系と理系の3学科から構成され3学科共通科目として「地域プロジェクト演習」が開講されている。本演習では、3学科混成の5〜6人のグループで地域の課題に約1年間向き合い、課題解決策を提案する。学生グループは、県内各地の地域パートナーと共に、その団体等地域から出された課題に取り組む。課題は、空き家、自治会加入率の低下、高齢者世帯の孤立、防災教育や意識啓発、商店街の活性化などで、多様であると同時に、全国各地で共通す課題が挙げられる。

　2018年度に実施したあるグループは、市の社会福祉協議会をパートナーとし、地域のサロン活動における担い手の負担や参加者の固定化という課題に取り組んだ。担い手の負担をより少なくした「まちの縁側（自然発生的に人が集う場）」を

つくることで、地域内交流を促進すると同時に、住民の困りごとを専門機関へつなぐための情報収集拠点にできるのではないかと考えた。まち歩きやヒアリング、アンケートを重ね、家族以外の人との交流の場として、テーブルや椅子、テレビなどが設定されているスーパーの団欒スペースの有用性を導き出した。加えて、導きだされた課題をヒト・モノ・コトに整理し、モノによって「まちの縁側」を増やすだけでは交流は生まれず、継続的な利用状況の確認（コトの充実）が必要であるとの結論に至った。さらに実践として、コミュニティデザイン学科の学生はコトの充実を図るため「まちの縁側」を周知するイベントを実施し、建築都市デザイン学科の学生はモノの充実を図るためベンチを製作・寄付し、社会基盤デザイン学科の学生は継続的展開に向け、GIS を用いて人が集いやすい場所等を地図にした。

写真1　地域サロンでの食事風景

写真2　ベンチ設置場所での
成果報告会

3　分野を超えて想像 / 創造する力

　本演習の受講生を対象に実施された効果測定では、「地域のニーズをいろいろな視点から捉えられるようになった」が約7割、「地域への偏見や先入観に気づかされた」が約5割、「文系あるいは理系への偏見や先入観に気づかされた」が約4割を占めた。地域プロジェクト演習を事例とするサービス・ラーニングの効果は継続的に見ていく必要があるものの、少なくとも地域の課題をより広い視野から捉え、分野横断的な視点で解決を図ろうとする点で教育効果をあげ始めている。

（坂本　文子）

参考文献

Barbara Jacoby, 2015, "Service-Learning Essentials: Questions, Answers, and Lessons Learned", San Francisco: Jossey-bass Higher and Adult Education Series.

7-10

しくみを知って、かしこく暮らす

🔑 keywords　　環境学修　エコスクール

1　身のまわりの建築・都市環境を題材とした環境学修

　環境学修といえば、自然環境やそれを脅かすゴミなどを題材とすることが多く、建築や都市などの人工的な環境についてはあまりとりあげられない。しかし、建築・都市環境は、自分たちの安全・快適・利便のために多大な資源とエネルギーを使って整えた環境であり、そこには合理的な理屈があるはずである。そのしくみを知ることは、自分たちの生活が成り立っているわけを知ることであり、正しく空間・環境を使いこなすことにつながる。また、遠くの森林に棲む生き物や地球規模の大きな話ではなく、生活のなかで試せて実感でき、結果がくらしに直結する、わかりやすく効果の高い学修と言える。

　環境を考えたくらしを実践する最も効果的な方法は、"こども"に教えて家庭で実践してもらうことかもしれない。大人に直接教えても聞くだけで、面倒がってなかなか実践しない。対して、こどもは純粋で行動力もある。こどもがやりたいといえば、大概の親は協力的になる。一方、こどもにとっては、各教科で学ぶ断片的な内容を再確認しながら、生活のなかで実践することで、生きた実のある知識として定着を図ることができる。

2　小中学生の環境学修の例

　身近な建築・都市環境を使った環境学修の例として、日本建築学会の学校施設をつかった取り組みを簡単に紹介しよう（表1）。

3　もっと気軽に自分で環境を調整できる世の中に

　環境学修に限らず、本来すべての学問はよりよくくらすためにあるはずである。日本は他国に比べて、身の回りの環境・空間に関する教育が不足していると言われる。家庭科がその役割にあるが、衣食住のなかでも住の比重は小さく、教員の理解も十分とは言えない。

表1　学校施設を使った小中学生の環境学修プログラムの例　(日本建築学会)

対象	プログラム名	内容
小3	人間温度計になろう	手のひらなどの体の一部で、さまざまな場所に触れて、熱さ／冷たさを感じ、その違いを考える。さらに、夏はひさしなどによる日差しの遮り方、冬は断熱による保温の仕方を学修する。
小4	クールボックス／ウォームボックス大作戦	家に見立てた実験箱に、太陽の代わりにランプを当てて実験をし、夏のクールボックスでは箱内の温度を上げないように、冬のウォームボックスでは箱内の温度を下げないようにする方法を見つける。
小5	風の道を探せ！	屋外の風の向きと強さを自作の風向・風速計で測り、学校周辺の自然の風の様子を知る。つづいて教室の窓とドアを開閉し、屋外の風がよく通る開け方を実験して見つける。
小5	光を使いこなそう	校内の様々な場所の体感と照度計による明るさの測定と、教室の照明の調整、の2つの実験を行い、光の感じ方や、光を使いこなす考え方を学修する。
小6	木のパワーを探ろう－木の身体測定	木を伐って使うことがなぜエコなのかを、居住環境・地域環境・地球環境の視点に分けて学修する。木製品を探す、木の仕事の話を聞く、木を測り固定炭素量を計算する、など多面的に学修する。
中1	木のパワーを探ろう－木の強さのひ・み・つ	木が、同じ重さならば、鉄やプラスチックよりはるかに強度のある材料なのは、筒状の構造にあることを知り、紙を丸めて束ねて似たような形を作って、重りを載せて強さを実感する。
中2	エコでここち良いホームルームをデザインしよう	外部からの熱と光を調整して、エコでここちよい、教室の環境をデザインする。模型に選択した材料を取付け、電球で加熱する実験を行って、結果を比べる。
中3	熱を逃がさないシェルターをつくれ！	冬季の体育館の避難所を想定し、小さなテントを自作した上で、様々なアイテムを使って加工し、内部発熱を逃がさないで寒さをしのぐ方法を考え、実験して確かめる。

　そのためか、日本人は住宅にしろ、職場にしろ、環境は誰かが与えてくれるもので、それを勝手にいじってはいけないという意識が強い。くらしにフィットした生活環境は住み手を楽にさせてくれるし、環境づくりは楽しい作業になり得る。こどもの頃からの環境学修や大人になってからの環境学修などをもっと積極的にやっていくべきであろう。もっと気軽に使い手自身が環境を好みに調整して楽しくくらせるような、雰囲気や文化にしていくのが大きな課題でもあり、大きな可能性でもある。

(古賀　誉章)

参考文献

日本建築学会学校教育支援部会ホームページ

　http://news-sv.aij.or.jp/shien/kodomo/s1/index.html（2020.2.6閲覧）

地域の建築家とまちづくり

🔑 keywords　　地域の建築家　まちづくり　職能　社会的役割

1　地域の建築家によるまちづくりの取り組み

　近年、建築家によるまちづくりの取り組みにおいては、建築家が建物の設計を行うのみでなく、地域活性化のためのイベントの企画や店舗の事業内容のプロデュースなど、まちづくりに関する多様な役割を担うなかで設計活動を展開し、それぞれの地域において、魅力的な都市空間をつくるとともに、経済の活性化や生活環境の改善などの社会的な成果を挙げている。とくに、地域に根ざして活動している建築家（以下、地域の建築家）の自身の暮らす地域でのまちづくりは、建築家が生活者の視点を持ちつつ設計活動を行っているという点で、東京などの中央で活動している建築家が地方で行うまちづくりとは異なって独自の取り組みであり、住民主体のまちづくりが求められている現代において、社会的な重要性が高いものといえる。

2　まちづくりの意図と建築家の役割

　そうした地域の建築家によるまちづくりの取り組みの事例は、近年の建築ジャーナリズム誌にも多く掲載されるようになってきている。例えば、2000年以降に掲載された事例を主に取り上げ、その解説文などをみると、地域の建築家がどのような意図をもってまちづくりに取り組んだか（まちづくりの意図）や、それを実現するために、建物の設計に加えて、まちづくりに関するどのような役割を担ったかなどを読み取ることができる（表1）。

　まちづくりの意図は、生活環境の改善や生活文化の継承などの「地域住民の生活の充実」を意図する内容、コミュニティの再構築や地域経済の再興などの「地域社会の活性化」を意図する内容、および地域の風景の再生や建物と一体的な外部空間の設計などの「都市空間の創造」を意図する内容の3つで捉えることができる。また、建築家の担った役割は、建物の設計に加えて、その前段階での不動産の業務やイベントの企画、その後段階での施設の運営やまちのマップ作成など

多岐にわたってみられた。

　さらに、まちづくりの意図と建築家の担った役割を比較したところ、「地域住民の生活の充実」、「地域社会の活性化」、「都市空間の創造」を目指して、建物の設計の前段階から後段階まで一貫してまちづくりに関する役割を担っている事例が多くみられた。こうした取り組み方が、地域の建築家のまちづくりにおいて基調になっていることがわかる。その一方、「都市空間の創造」を目的として、建物の設計にのみ取り組む事例も比較的多くみられることも分かった。

3　これからの地域の建築家の職能と社会的役割

　建築家は、一般に、建物あるいは都市空間の物的な要素を建設または設計する技術に熟練し、それを自らの職能としている専門家であるといわれる。近年の地域の建築家によるまちづくりの取り組みの事例からは、自身の専門的な職能だけでなく、まちづくりに関するさまざまな役割を担いながら、住民生活、地域社会、都市空間の構築や創造を目指す建築家の姿がみられる。しかしながら、そうした姿だけでなく、建物の設計により都市空間の創造を目指すといった自身の専門性に特化した建築家の姿もみられ、ここには、こうした自身の専門性とそれを取り巻くさまざまな役割との緊張関係のなかに、自身の地域社会のなかでの役割を見いだすことが求められる現在の状況が示されている。これからの地域の建築家の職能や社会的役割は、ここから考え始めるべきであろう。

（大嶽　陽徳）

表1　地域の建築家によるまちづくりの事例およびその意図と役割の関係

No	掲載誌	プロジェクト名	建築家	意図	前	設計	後
28-1	ja16秋	大阪府北花のまちづくり	西山広志	地域住民の生活の充実		●	
33	jk0201	倉敷市の伝建地区のまちづくり	楢村徹			●	
13	sk8812	小布施町並修景計画	宮本忠長		●	●	
22-1	ja16秋	もみじ通りのまちづくり	塩田大成		●	●	
22-2	ja16秋	もみじ通りのまちづくり	塩田大成		●	●	
26	ja16秋	まちづくリエイティブ	寺井元一		●	●	
1	ja16秋	静岡・浜松市のまちづくり	403		●	●	●
29-3	sk1205	「わいわいコンテナプロジェクト」	西村浩		●	●	●
7-1	ja16秋	熱海温泉玉手箱　おんたま	市来広一郎		●	●	●
36	jk1512	倉敷物語館周辺再生整備事業	楢村徹		●	●	●
35	jk1408	倉敷物語館周辺再生整備事業	楢村徹		●	●	●
23	jt0909	仏生山まちぐるみ旅館	岡昇平		●	●	●
24	ja16秋	仏生山まちぐるみ旅館	岡昇平		●	●	●
20	ok0407	沖縄大学GREEN CAFÉの改修	安藤徹哉		●	●	●
32	jk1106	倉敷美観地区本町通りの再生	楢村徹		●	●	●
25-1	sk1712	小倉村ワークショップ	江頭慎		●	●	●
9-1	sk1702	大阪長屋の改修	小池志保子		●	●	●
8	ja16秋	大阪長屋の改修	小池志保子		●	●	●
30	ja16秋	「わいわいコンテナプロジェクト2」	西村浩	生活空間		●	●
4-2	sk1804	千良文化のまちづくり	家成俊勝		●	●	
21-1	ja16秋	横浜のまちづくり	永田賢一郎			●	●
3	jk0101	静岡・下田のまちづくり	安藤泰	都市空間の創造		●	
2	jk0101	平滑通りの修景計画	安藤泰			●	
17	jk0907	目神山のまちづくり	吉本剛			●	
14	sk9211	小布施町並修景計画	宮本忠長			●	
15	sk8108	目神山のまちづくり	石井修			●	
16	jt0601	目神山のまちづくり	石井修			●	
29-2	sk1205	「わいわいコンテナプロジェクト2」	西村浩		●	●	
34	jk1106	倉敷物語館周辺再生整備事業	楢村徹		●	●	
31	sk1609	アーケード改修プロジェクト	前田圭介		●	●	
12	ja16秋	HAGISO	宮崎晃吉		●	●	
7	jk0003	奈良町の町家	藤岡龍介		●	●	
10	jk0203	八女福島の町並み	中島孝行		●	●	
19	ok0407	壺屋やちむん通り	安藤徹哉	空+社		●	
29-1	sk1205	「わいわいコンテナプロジェクト」	西村浩	地域社会の活性化		●	●
29-4	sk1205	「わいわいコンテナプロジェクト2」	西村浩			●	●
28-2	ja16秋	大阪府北花のまちづくり	西山広志			●	●
21-2	ja16秋	横浜のまちづくり	永田賢一郎			●	●
18	ja16秋	釧町のまちづくり	阿部仁史,他			●	●
5-1	sk1309	前橋モデル	石田敏明		●	●	
4-1	sk1804	千良文化のまちづくり	家成俊勝		●	●	
7-2	ja16秋	熱海温泉玉手箱　おんたま	市来広一郎		●		●
5-2	sk1309	前橋モデル	石田敏明		●	●	
6	ja16秋	前橋モデル	石田敏明		●	●	●
25-2	sk1712	小倉村ワークショップ	江頭慎		●	●	●
9-2	sk1702	大阪長屋の改修	竹内正明		●	●	●
27	ja16秋	武蔵境アンモナイツ	瀬川翠		●	●	●

表注）掲載誌の記号は、sk；新建築、jt；新建築住宅特集、jk；住宅建築、ja；JAPAN ARCHITETURE を示す

Prepa

Chapter 8

地域のそなえ

ation

　地域において人々が持続的に生活していくためには、地域のそなえが重要になる。特に我が国においては、自然災害が多いことから災害という非常時へのそなえ、そして日常においては、高齢社会の現在では農業、介護・福祉、空家へのそなえが重要となる。

　災害へのそなえでは、「地震大国である日本でも『安全に安心して住み続けられるまちづくり』」を建築的視点で紹介する。

　地域をかたちづくる河川や土壌などは、時として被害を与えることがあるため、それに対するそなえとして、「水害に対する防災・減災」、「栃木県に分布する土の特徴と自然災害時における土砂災害への知識」を紹介している。そして、構造物を形作る鋼コンクリートについて「鋼コンクリート複合構造の可能性」、建築物については「建築物の履歴情報・検査・モニタリング」を紹介している。また、そなえの中には、非常時にどう行動するかが重要となることから「地域における防災マネジメントと災害イメージトレーニング」を紹介している。

　日常のそなえとして、高齢社会で課題となる農村と低未利用地を取り上げ、「農村資源の維持管理」、「縮小都市における空地と空家のデザイン」を紹介している。そして、高齢社会で重要となる「福祉サービスの開発と開発的ソーシャルワーク」、ストレス社会の中で暮らすために「心身の健康増進と不調の予防」、「依存問題の回復支援における地域のかかわり」を紹介している。

地震大国である日本でも「安全に安心して住み続けられるまちづくり」

🔑 keywords　安全・安心

1　地震大国である日本

　日本を世界の中のひとつの地域としてみると、環太平洋地震帯に位置する世界有数の地震大国という特徴がある。地震による直接の震動はもちろん、遠く離れた場所で生じた地震による津波が沿岸部に押し寄せるときもある。

　世界では、自然災害に遭った際に「自らその場所に住むことを選択したのだから自己責任である」という見方をする地域が少なくない。しかし、日本は諦めることなく、自然の猛威に真っ向から勝負を挑み続けている。国土が狭く居住地が限られていること、古代中国から高度な建築文明が伝来したこと等の影響も考えられるが、大事なのは、被害が最小限に留まるように知恵を絞り、真面目にコツコツと革新を積み上げて高度な科学技術を取得し、人命と財産を守る努力を継続してきた誇るべき歴史・文化が、日本にあるということである。

2　技術大国である日本

　欧州には、歴史的な建造物が多数現存している。その中には、石を積み上げた組積造と呼ばれる構造形式の建造物も多いが、大地震が頻発する日本に建っていたら、とうの昔に倒壊していたであろう。

　そのような日本において、都市部には所狭しと超高層ビルが建ち並び、地盤が軟弱な海浜エリアの埋立て地には高層マンションが乱立し、隅田川と荒川の間には東京スカイツリーがそびえ立っている。矛盾しているかのようなこれらの現状は、世界トップレベルの耐震技術による賜物である。

3　未来のために、君たちには何ができるのか

　近い将来、高い確率で発生するとされている日本での巨大地震に、首都直下地震と南海トラフ地震がある。想定されている震度分布を図1に示す。

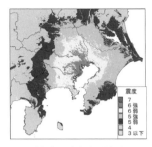

（a）都心南部直下地震
（出典）中央防災会議（2013b）

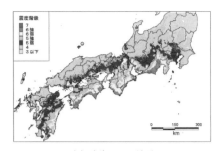

（b）南海トラフ地震
（出典）中央防災会議（2013a）

図1　震度分布の想定

　首都直下地震として多様な地震が想定されている
が、マグニチュード（M）7クラスの地震が発生す
る確率は今後30年間で70%、建物の全壊・焼失が
61万棟、死者が最大2.3万人（建物倒壊：最大1.1万
人、火災：最大1.6万人）と推定されている（中央防
災会議 2013b）。

　南海トラフ地震は、2011年3月に発生した東日
本大震災と同じ海溝型地震に分類される。東海・東
南海・南海地域の広範囲に渡って津波被害が及ぶほ
か、長周期地震動により高層や免震を適用した重要

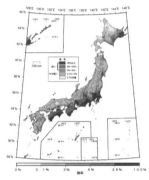

図2　確率論的地震動予測地図
（出典）地震調査委員会（2019）

機能建物に被害が及ぶ。M8クラスの地震が発生する確率は今後30年間で最大
90%、建物の全壊・焼失が81〜227万棟、死者が最大32万人（建物倒壊：5.9万
人、津波：22.4万人、火災：2.2万人）、最小でも3.2万人と推定されている（中央防
災会議 2013a）。

　東日本大震災の死者・不明者数は約1.8万人であった。上記の推定値に幅があ
るのは、今後の防災対策に依存するためである。図2のように日本全国で大地震
の発生が予測されている。巨大地震による未曾有の事態に対して、未来を担う君
たちには何ができるのか、真剣に考えてほしい。　　　　　　　（中野　達也）

参考文献

中央防災会議 2013a「南海トラフ巨大地震の被害想定について（第二次報告）」2013.3
中央防災会議 2013b「首都直下地震の被害想定と対策について（最終報告）」2013.12
文部科学省地震調査研究推進本部地震調査委員会 2019「全国地震動予測地図 2018年版」2019.1

水害に対する防災・減災

📍 keywords　　激甚化する気象災害　線状降水帯　豪雨と洪水　地震と津波　防災・減災

1　日本における近年の水災害事例

　日本の周辺には複数のプレートが重なる海溝やトラフが存在し、沿岸地域はそのプレートの境界において発生する海底地震による津波によって大きな被害を受けてきた。また、地球温暖化に伴う気候変動などの影響により、時間雨量 50 mmを超える雨の発生頻度が増加している。雨の降り方が局所化、集中化、激甚化しており（国土交通省 2015）、大規模な水災害発生リスクが高まっている。

　近年の水災害事例としては、平成 23 年にマグニチュード 9.0 の東北地方太平洋沖地震に伴う津波が発生し、太平洋沿岸地域に甚大な被害を与えた。青森県から茨城県の広範囲にわたって痕跡高が 10 m を超え、これによる犠牲者は戦後の自然災害としては最大で、死者・行方不明者は 1 万 8429 名（警察庁発表）にも上った。平成 24 年 7 月九州北部豪雨では福岡県、佐賀県、大分県で記録的な大雨となった。平成 26 年 8 月豪雨では全国各地で大雨となり、特に広島県広島市では発生した土砂災害により死者 74 名となった。平成 27 年 9 月関東・東北豪雨では鬼怒川が決壊し、茨城県常総市に大きな浸水被害をもたらした。これらの降雨では線状降水帯が確認された。積乱雲が次々と列をなして発生して積乱雲群を形成し、その積乱雲群が連なった線状降水帯が同じ場所を通過または停滞することで集中豪雨となる。平成 30 年 7 月豪雨では北海道と西日本の広い範囲で大雨となったが、7 月 4 日から 8 日までの間に 15 個の線状降水帯が西日本で確認されている（気象庁 2019）。総雨量も多いところで 1800 mm を超え、死者・行方不明者は 200 名を超えた。

　自然災害が激甚化する中でひとの命と暮らしを守るためには、最悪の事態（最大規模の災害）の想定や発生頻度に応じた防災・減災対策の在り方について考え、ハード・ソフトの両面から災害対策を進めることが重要である。

2　水害の想定規模と防災・減災対策

災害対策を計画・実施するためには、その地域で発生する災害の規模を想定す

る必要がある。平成 23 年以前の想定津波としては、その地域で過去数百年間に経験した地震・津波を再現することを基本として、過去に繰り返し発生し、近い将来に発生する可能性が高く切迫性の高い地震・津波を想定対象としてきた。しかし、平成 23 年の東北地方太平洋沖地震津波はこれを上回る「想定外」の規模で発生した。これは数百年間に経験してきた地震・津波を前提にしていた従前の想定手法の限界を示すこととなった。平成 23 年以降の想定津波としては、二つのレベルの津波を想定する必要があるとしており、一つは従前の想定手法と同様に過去に繰り返し発生し、切迫性の高い地震・津波（レベル 1 津波）を想定する。もう一つはあらゆる可能性を考慮し、発生頻度は低いものの、甚大な被害をもたらす可能性がある最大クラスの津波（レベル 2 津波）を想定する（中央防災会議 2011：4-7）。これらの想定に対して取りうる津波対策の考え方として、レベル 1 の想定津波に対しては防潮堤・防波堤などの構造物によって津波の内陸への浸入を防ぐ「防災」対策を基本とし、レベル 2 の想定津波に対しては防潮堤等の海岸保全施設を超える津波であるため、住民の避難を軸に、複数の海岸保全施設や防災施設、避難施設、土地利用などを統合した「減災」対策が必要である。

　降雨による災害についても、平成 27 年 1 月に国土交通省が「新たなステージに対応した防災・減災のあり方」（国土交通省 2015：17-19）をとりまとめている。従来の河川整備計画で対象としている年超過確率 1/100 ～ 1/200 の想定規模を見直し、最悪の事態を想定し、地域ごとの特性を考慮した最大の外力（想定最大規模降雨）を想定して対策を進めるとしている。河川においても、最大規模の降雨等に対しては施設によって完全には防ぎきれないことを認識したうえで、施設が破壊されずに粘り強く耐えて「減災」できること、人の命を守るために必要な主体的避難のための心構えの醸成と地域の災害リスクの把握、災害に対する知識の充実が必要となる。

（飯村　耕介）

参考文献

気象庁 2019「平成 30 年 7 月豪雨及び 5 月 20 日から 7 月 10 日までの梅雨前線等による大雨等」『災害時自然現象報告書』2019 年第 2 号，pp.313-314

国土交通省 2015「第 II 部第 7 章第 2 節　自然災害対策」『国土交通白書 2015』pp.212-239

国土交通省 2015「新たなステージに対応した防災・減災のあり方」

中央防災会議 2011『東北地方太平洋沖地震を教訓とした地震・津波対策に関する専門調査会報告』

栃木県に分布する土の特徴と
自然災害時における土砂災害への知識

🔑 keywords　　栃木の地盤　土質　災害　火山灰質土

1　火山灰土と地盤災害

　地震国である我が国は、それと同時に多くの火山を有する火山国でもあり、国土の約 40% が火山灰堆積物で覆われている [1]。国内の火山灰質土の分布地周辺に大地震が発生した場合、斜面崩壊や液状化、土石流など大規模な地盤災害が発生している。この傾向は、地震によるものだけでなく、豪雨による土砂災害でも同様の傾向にあり、特に西日本では被害が著しい。このため、1952 年に「特殊土壌地帯災害防除及び振興臨時措置法（特土法）」が制定されて以降、治山事業や河川改修事業、砂防事業等が行われ自然災害への対応が継続して行われている。

2　栃木県の地盤の特徴

　日本の地盤災害を頭に入れつつ、栃木県の地盤の特徴を見てみよう。栃木県は、東北地方より延長する山岳部と関東平野の北縁が接する地域に位置しており、県西側の下野山地と足尾山地、県東側の八溝山地の東西で発達した山地帯と県央部を南北に占める平野部の大きく 3 地形区で構成されている（「栃木の自然」編集委員会編 1997：1-13）。

　栃木県レッドデータブック（栃木県庁 2005）によれば、地質の概要には「足尾山地北部から県北西部には中生代末期の酸性火成岩類が下野山地を形成し、北部から西部にかけて那須・高原・日光の第四紀火山が並ぶ。中央部には南北方向に平地部が分布し、その南部は関東平野の北縁をなしている。この地域は、新第三紀の火砕岩、堆積岩類が分布し、その上位に第四紀の火砕流堆積物、礫層、火山灰層が段丘や低地を形成している」と記載されており、火山あるいは火山灰の文字が躍る。事実、県北部から西部にかけて那須火山・高原火山・日光火山の火山フロント、あるいは隣県群馬県にある火山由来の火山灰が多く分布している。園芸用土として有名な "鹿沼土" や "赤玉土" が栃木県鹿沼産であることや、"黒

ボク"、"ローム"など火山由来の土が多いことは広く知られている。このような土が県内に広く分布しているため、自然災害時に地盤由来の災害が発生しやすい地盤環境にあることは、これまでの他の火山灰分布地域の被災状況を見ても明らかと言える。

3　地盤災害との付き合い方と日頃のそなえ

　土砂災害への日頃のそなえについては、内閣府や国土交通省、気象庁はじめ多くの行政機関から情報が発信されている（例えば、国土交通省のハザードマップ）。特に土砂災害の危険がある地区には、「土砂災害警戒区域等における土砂災害防止対策の推進に関する法律」（土砂災害防止法）により、「土砂災害危険箇所」として「土石流危険渓流」「急傾斜地崩壊箇所（がけ崩れ危険箇所）」「地すべり危険箇所」の3つの危険箇所が指定されている。特に台風や梅雨時期などには情報を確認し、大雨の場合すぐに避難するなど他の地区より注意が必要になる。今いる場所が土砂災害警戒区域になっているかは県や市町村などが発行している「土砂災害のハザードマップ」で簡単にチェックすることができる。ただし、これら土砂災害のハザードマップで注意が必要なのは、何が原因で土砂災害が起こるかの確認が必要なことである。前述の土砂災害のハザードの多くは、降雨時のハザードマップであり、地震時のハザードマップではなく、マップに記載がない箇所でも土砂崩れが起こる場合がある。特に、火山灰質土が分布する地域では、土砂災害防止法による「土砂災害危険個所」に指定されていない地区でも自然災害時に被害が発生しているケースが多々見受けられるため、栃木県内の場合も注意が必要である。日頃から自分の生活・行動範囲の中で、「倒れる」「崩れる」など心配に思う箇所は極力避ける、災害発生時には速やかに離れるなど日頃の心構えが重要である。一般的な地盤災害（土砂災害）への対策については、国土交通省HPや内閣府HPなどを参考にされたい。　　　　　　　　　　　　　　　（海野　寿康）

引用・参考文献

海野寿康・八木一善・酒匂一成 2018「報告　地震時における火山灰質粗粒土の被害事例について」『地盤工学会誌』Vol.66, No.11, pp.18-21

国土交通省「ハザードマップポータルサイト」https://disaportal.gsi.go.jp/（2019.10.1 閲覧）

「栃木の自然」編集委員会編 1997『栃木の自然をたずねて（日曜の地学）』築地書館

栃木県庁 2005「レッドデータブックとちぎ」

　http://www.pref.tochigi.lg.jp/shizen/sonota/rdb/gaisetsu/1/1-1.html（2019.10.1 閲覧）

鋼コンクリート複合構造の可能性

⚷ keywords　鋼コンクリート複合構造　ずれ止め　一体化　合成桁　SRC 構造

1　はじめに

　19 世紀から土木・建築構造物に鋼構造あるいは鉄筋コンクリート構造などが主に用いられてきたが、この数十年では鋼コンクリート複合構造（以下、複合構造と呼ぶ）の構造形式も適用されるようになってきている。現在、身の周りには複合構造として、鋼桁とコンクリート床版を合成したはり（合成梁）、鋼板とコンクリート版を合成した版（合成床版）、鋼管の中にコンクリートを充填したり、形鋼をコンクリートで被覆したりした合成した柱（合成柱）、コンクリート桁と鋼桁を合成したはり（混合梁）、コンクリート柱と鋼桁を合成した複合ラーメン橋などがよく見られている。

　複合構造の基本的な考え方は鋼とコンクリートを合理的に組み合わせることにより、単独では得られない構造の優位性を作り出すこと（複合構造委員会編 2012）であり、これによって鋼とコンクリートを用いる構造物設計の自由度が向上される。また、この考え方は、従来の鋼あるいはコンクリートに加えて、近年や今後に開発される新材料を組み合わせた新たな構造形式の誕生にもつながると考えられる。

2　鋼コンクリート複合構造の長所

　鋼とコンクリートはそれぞれの長所や短所があるが、両者を組み合わせることによってそれぞれの長所を活かし、短所を補充するのは複合構造の基本である。例えば、引張作用の位置に鋼桁を、圧縮作用の位置にコンクリート床版を配置し、両者間で何らかの接合方法を設けることで、はりとしての耐荷力や変形性能を向上することができる。また、コンクリートの内部に形鋼を配置したり、鋼管にコンクリートを充填したりすることなどによって、単独の鉄筋コンクリート柱より断面が小さい柱をつくることができ、鋼材の弱点である座屈しやすいこともコンクリートの存在によって抑制される。構造物の耐久性、耐火性の観点からも、鋼材がコンクリートの内部に配置される部材などでは、鋼材の腐食が抑制さ

れることや熱に弱い鋼材が周りのコンクリートで保護されることなども期待できる。さらに、多径間連続桁橋や斜張橋などでは、中央径間に軽量な鋼桁、側径間に重いコンクリート桁を用いることによって、橋梁の自重バランスが保たれて、より中央支間を大きくすることができる。

　上記の他にも、構造物の施工性、維持管理の観点からも複合構造の利点が多くあると知られている。また、近年に開発されている新材料である繊維強化プラスチックや形状記憶超弾性合金は構造物に単独に用いることはまだ難しいため、これらを従来の鋼材とコンクリートと併用した場合には、複合構造の考え方が役に立つと考えられる（鵜澤他 2017）。

3　鋼コンクリート複合構造の課題

　上記の複合構造の長所を発揮させるためには、鋼部分とコンクリート部分の一体化、つまり異種材料や部材の間で応力が十分に伝達できる接合構造を設けることは前提条件である。この接合方法には、鋼とコンクリートとの接着、摩擦などによる付着作用やずれ止めのせん断抵抗による機械的作用などが用いられているが、いずれの方法においても未解明な点が多く残されている（中島 2016）。また、乾燥収縮や温度収縮の性質を有するコンクリートが鋼材と接合されることによって、コンクリートにひび割れが生じやすく、疲労損傷につながる可能性もある。さらに、性質が異なる鋼材、コンクリートあるいは他材料を一体として考えるため、複合構造の力学性状が複雑になり、数値解析などによる構造物の挙動予測は難しくなるため、設計者により高度な技術が要求される。したがって、今後の複合構造の展開を加速するためには、上記の課題を解決することが鍵であると考えられる。

（Nguyen Minh Hai）

参考文献

鵜澤潔・斉藤義弘・保倉篤 2017「土木・建築分野への複合材料利用」『土木学会論文集 A1（構造・地震工学）』Vol.73，No.5，pp.II_1-II_9

中島章典 2016「鋼コンクリート複合構造の模型試験と対応する要素試験の意味」『土木学会論文集 A1（構造・地震工学）』Vol.72，No.5，pp.II_1-II_18

複合構造委員会編 2012『基礎からわかる複合構造』土木学会

建築物の履歴情報・検査・モニタリング

🔑 keywords　　検査　既存建築物　建築ストック　センサ　履歴情報

1　既存建築物とその履歴情報

　江戸時代に描かれた国宝 彦根城表御殿図を図 1 に示す。現在の彦根城博物館はこの図を主要な資料として復元されたものである。近代にいたるまでの日本の住宅等では六畳間といえば畳の寸法や並べ方が定まる、という暗黙知があった。材料や寸法、接合法に暗黙の了解があれば、比較的少ない情報量の図面を保管しておけば、修理・復元などが可能となる。

　これに対して現代の建築物は、さまざまな材料が使用されており、これらの材料がさまざまに接合されることで構成されている。このような多様な材料、複雑な工法を成立させるためには、新築を施工するだけでも膨大な資料が必要となる。例えば、日本建築学会が発行する建築工事標準仕様書（JASS）は、鉄筋コンクリート工事、タイル工事などと工事種別ごとに分冊となっているが、30 近くの工事種別に分かれている。

　建築物は、数十年の長期にわたって使用される。この期間には、修繕・改修・用途変更・解体などさまざまな場面でその建築物の情報が必要である。また、定期的に修繕を行う場合には、前回、前々回の修繕の情報（履歴情報と呼ばれる）も必要である。上述したように、現代の建築物では「平面図だけ」といった少ない情報から暗黙の裡に材料や工法などを推測できる術がない。したがって、新築時を含むすべての履歴情報を保管する必要があることになる。

2　建築物の検査

　建築物の履歴情報（新築・改修時の図面や計算書など）の保管は、前述のように非常に重要である。実際、各種法令においても 10 年、15 年などの保管が義務付けられている。しかしながら、現実の既存建築物では、このような履歴情報が保管されていなかったり、保管されていても情報が不十分であることが多い。そこで、建築物そのものを計測して、情報を取り出す（計測する）という作業（検

査）が必要になる。例えば、コンクリート供試体を切り出して強度を確認したり、鉄筋を実際に取り出して腐食を確認したりする。既存建築物は、所有者の財産であるので、建築物を傷つける検査は行いにくい。そこで、非破壊検査と呼ばれる建物を壊さない方法もよく用いられる。

3　建築物の検査とモニタリングの未来

　建築物を長持ちさせるためには、定期的に検査を行ってその品質を確かめるのが良い、というところまでは多くの人が合意できるのではあるまいか。実際、集合住宅等では、外装タイルなど定期検査が法令で義務付けられている。では、定期検査の間隔はどの程度がよいだろうか。あまり間隔が長いと手遅れになっていないだろうか、という疑問が生じる。

　建築物のモニタリングとは、計測間隔がほとんどない常時計測によって、建築物の性能を常時監視しておくというアプローチのことである。例えば、大規模地震時に耐震性に問題が生じていないか、即時性をもって判断するために、振動センサを設置したりする。

　現在、建築物の（耐震性に限らない）さまざまな性能をモニタリングによって常時監視する技術開発が進められている。このようなモニタリング技術が実現すれば、適切で低コストな補修が可能となり、建築物を長く快適に使用することに繋がると期待される。

（藤本　郷史）

地域における防災マネジメントと災害イメージトレーニング

🔑 keywords　　防災マネジメント　災害イメージトレーニング　目黒巻

1　防災マネジメント

　日本では、地震災害、風水害をはじめとした自然災害が多く発生している。栃木県民は、栃木県は災害が少ないイメージを持っていたが、東日本大震災があった 2011 年以降、2015 年の関東・東北豪雨災害では、栃木県でも大雨による被害が発生している。2017 年 3 月には那須岳の雪崩災害において死者 8 名の被害が生じた。2019 年 10 月の東日本台風による大雨では、栃木県内でも浸水被害によって死者 4 名の人的被害と、床上浸水 5298 棟、床下浸水 5228 棟の家屋被害（いずれも消防庁 2019 年 11 月 18 日現在）が生じた。ここでは自然災害に対して強い地域をつくっていくための、防災マネジメントを紹介する。

　防災マネジメントは、災害が発生してから頑張るだけではなく、災害が起こる前、すなわち日常生活から行う必要がある。日常生活からすすめることとして、地震災害における建物の耐震補強など外力からの被害を防ぐ「被害抑止を支援する施策」と、避難訓練などによって被害の拡大を防ぐ「被害軽減に向けた取り組み」がある。災害が起こる直前には、災害の予知および警報が発表されるので、日常生活から「災害予知と警報が来る前の準備」として、避難所等に避難するタイミングなどを決めておく。災害が発生した後は、まず災害の全体像を把握できるよう「被害評価を迅速に行うシステム構築」と、救助救命活動や避難所生活をはじめとした「災害対応の支援」を行う。そしてもとの生活を取り戻せるよう、ライフラインなどの機能を回復する「復旧の支援」と、災害以前より新たな質を確保する「復興の支援」を行う。そして災害の経験は、写真、動画、語り継ぎなどで「次世代への伝承」を行う。

2　災害イメージをトレーニングしてみよう

　災害に備え、かつ発生したときに機敏に対処するためには、日常から災害発生

後の状況を想像すること、トレーニングすることが不可欠となる。東京大学生産技術研究所目黒研究室では、災害イメージをトレーニングするツールとして「目黒巻」を提案している。これは図1のような巻物状の紙媒体に災害の種類と災害発生時の条件と災害時の状況を記入し、災害発生後の状況をイメージしてから、自分を主人公とした物語を作るものである。

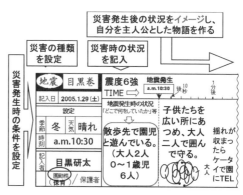

図1　目黒巻概要

　目黒巻を使って災害イメージをトレーニングするワークショップの一例を図2に示す。まず参加者にワークショップの目的を提示してから、災害に関する動画や読み物などで災害のイメージを補充する。その後に適度な時間をとって目黒巻に記入してもらい、災害発生後の状況に対する疑問点を抽出する。最後に各人の目黒巻の内容を比較しながら、疑問点に対する回答をそれぞれ検討する。目黒巻の記入や疑問点の検討の際に専門家が入ることも大切である。これにより、災害発生後の状況を考えることを見につけ、他人の目黒巻と比較することで、災害状況を別の捉え方で見ることができる。また疑問点を専門家と検討することで、専門家からの知識を自分の出来事として身につけることができる。

図2　ワークショップの一例

（近藤　伸也）

参考文献

阿部真理子・目黒公郎 2005「保育園等の防災力向上に貢献する防災ワークショップ（目黒巻 WS）の提案」『生産研究』57 巻 6 号

8-7

農村資源の維持管理

🔑 keywords　　地域資源　水利慣行・入会慣行　多面的機能支払

1　農村の地域資源とその管理システム

　永田恵十郎は地域資源について、固有の生態系のなかで他の資源と相互に有機的な連鎖があってはじめて機能するもので（有機的連鎖性）、他の地域に持ち出しても有機的連鎖を失えば同等には機能せず（非移転性）、特定の資源のみが過度に開発されると他の資源との連鎖が破壊されて地域全体が損失を被る（外部不経済が発生する、すなわち非市場性）、という特徴を指摘する（永田 1988：86-87）。地域資源を利用し、かつ地域資源に貢献する、すなわち地域資源と緊密な相互作用関係にある農業もまた、3つの特性を強くもつことになる。それゆえ「わが国の農業は自分の耕地の管理だけでは経営は成り立たないという特質をもっている。集落の土地、用水等の地域資源を集団的に管理すること、つまり地域資源を内部化することによって初めて自己の経営の生産活動が成り立つという構造的な仕組みになって」（永田 1988：26）おり、水利慣行や入会慣行等の地域資源を利用し管理するためのルールを必要とした。

2　資源管理システムの変貌

　地域資源の全面的活用と維持に結びついた農林業生産活動は超多労的なものであったし、当時の地域経済が交通体系未発達で閉鎖的・自給的な性格が色濃いものであった（永田 1988：183-241）。肥料・飼料の採取と放牧地として管理された草山は、明治以降になると収益性の高まった林業的利用に転換し、さらに昭和30年代の木炭生産の消滅や耕耘機の普及による牛馬生産の縮小によって、林野資源の利用そのものが衰退した（永田 1988：199-201）。昭和30年頃までは平地林が広く分布している関東台地畑作地帯の農家は、家畜の飼料・敷料あるいは堆肥材料・燃料としての野草・落葉などの供給地として平地林を積極的に利用していたが、農業経営と農家生活における自給率の低下によって自給的な生産・生活材料の供給源としての平地林の役割も低下し、平地林は都市的用途に転用されてい

く（木村 1985：67-70）。

　相変わらず農業生産とは密接不可分な農道や農業用用排水路については、その維持管理活動に関しては、農林業センサスの農業集落調査から分析することができる。その 1980 年から 2000 年にかけての動向について、「全戸出役の割合の高い農道とそれが低い農業用用排水路の差は、農業用用排水路は農業的性格がより強く、農道は非農家も使用するムラの道路という性格がより強いということの反映であろう」（田畑・大内 2005：373-376）と指摘されている。

3　資源維持活動の新展開

　農林業の公益的機能の基盤となる農村社会の持続が、農業生産振興や食料安全保障とならぶ農政の柱と位置づけられて以降、農村地域資源の維持・向上のための施策が次々と打ち出された。2000 年には中山間地域農地の条件不利を補填するための中山間地域等直接支払が開始され、2007 年には農地や農業用水等の保全に資する共同活動等を支援する農地・水・環境保全向上対策が開始された。農地・水・環境保全向上対策は 2019 年時点には多面的機能支払と環境保全型農業直接支払に分けられている。

　活動組織を対象にした農林水産省による 2017 年のアンケート調査では、この制度が「遊休農地の発生防止・拡大抑制」や「農業用施設の機能維持」などに寄与していると評価されている。さらに、地域資源保全管理構想の策定に向けた話合いなどの推進活動やリーダーの後継者の確保について、本交付金が役に立っているとの指摘もある。また、多面的機能支払に参加している集落と不参加の集落とを比較分析したところ、耕作放棄地を抑制する効果、農地動化・規模拡大や農業経営の組織化を後押しする効果、寄り合いや地域活性化のためのイベント開催を促す効果が、確認された（竹田 2018：294）。

（原田　淳）

引用・参考文献

木村伸男 1985「関東畑作農法の構造と平地林の機能」永田恵十郎編著『空っ風農業の構造』農山漁村文化協会

竹田麻里 2018「農村政策と農業集落・農村地域」農林水産省編『2015 年農林業センサス総合分析報告書』農林統計協会

田畑保・大内雅利編集担当 2005『農村社会史』農林統計協会

永田恵十郎 1988『地域資源の国民的利用』農山漁村文化協会

8-8

縮小都市における空地と空家のデザイン

🔑 keywords　空地　空家　縮小　都市河川　空間資源

1　縮小する都市における「空き」

図1　宇都宮市中心市街地の空地の
　　　分布

21世紀に入り都市は縮小している。都市は高密度に成長するという経済成長期のモデルは無効となり、人口減少や、郊外への住宅や商業施設の移転、産業構造の転換などを背景に、世界の都市で縮小が始まっている。その結果、「空き」を抱えるようになり、宇都宮市でも、空家率が約16％、中心市街地の空地率が約19％となっている（2019年現在、図1）。こうした空家や空地は、放置すると都市の魅力や安全を阻害する恐れもあるが、成熟した社会においては、適度な密度とゆとりの享受につながる可能性もあり、空間資源としての「空き」のデザインが重要となっている。

2　「空き」のデザイン

ここでは近年、宇都宮大学が関わる「空き」を再生するデザインを紹介する。

（1）空地の活用──釜川沿いの取り組み　宇都宮市中心市街地を斜めに流れる釜川は、オリオン通りの商店街の裏手にあり、周辺には、貸駐車場などの空地が

写真1　かまがわ川床桜まつり

多く存在する。普段は人がいない河川と駐車場という空地を、人々の居場所に変える取り組みが行われている。毎年春にしだれ桜が咲く区間では、「かまがわ川床桜まつり」が開催され（2013年～、写真1）、桜を天井に見立て、小さな川幅に川床を設け、「都市の部屋」のような空間が出現する。季節ごとのイベントだけでな

く、ふれあい広場と周辺の駐車場では、「カマガワヤード」という空地を市民の庭にする取り組みが行われている（2019年〜、写真2）。地面に人工芝を張り、川の手摺をカウンターに替え、小屋や、キッチンカーが出現する。空地を活用して新たな居場所と風景が出現している。

写真2　カマガワヤード社会実験

（2）空家の再生——宇都宮空き家会議と「とみくらみんなのリビング」の取り組み

宇都宮市では、空家の課題に取り組む「宇都宮空き家会議」が発足した（2017年）。会議のもとで、市、自治会、NPO、工務店、宇都宮大学が連携し、空家をセルフビルドで改修したのが「とみくらみんなのリビング」である（写真3）。この建物は、2

写真3　とみくらみんなのリビング

つのキャンパスの間の住宅地にあり、元々タバコ屋と駄菓子屋が営まれていた。自治会の集会所として再生し、高齢化する住民と、近くに住む学生の共通の居場所になることを目指している。土間空間を広げ、県産木材の庇で縁側空間を設け、タバコ販売の窓口はギャラリーや掲示板として再生している。

３　コモンの設え

　こうした空地や空家の再生では、元々あった空間の可能性を引き出す設えを施している。それにより、都市の「空き」を、人々に共有されるコモン（共）の空間として再生し、私的なプライベートと、公共のパブリックの領域の間に挿入している。そこには、これからの成熟社会の諸相をつなぎとめる可能性がある。

（安森　亮雄）

参考文献

Philipp Oswalt, 2006, *Shrinking Cities: International Research*, Hatje Cantz Pub.

中村周・安森亮雄・三橋伸夫 2015「地方都市の中心市街地の街区における空地形態とその変化　栃木県宇都宮市を事例として」『日本建築学会計画系論文集』第80巻，第716号，pp.2243-2251

「かまがわ川床 桜まつり」https://www.g-mark.org/award/describe/43250（2020.2.13 閲覧）

「とみくら みんなのリビング」https://www.g-mark.org/award/describe/49508（2020.2.13 閲覧）

8-9

福祉サービスの開発と
開発的ソーシャルワーク

🔑 keywords　　制度の狭間　福祉サービスの開発　開発的ソーシャルワーク

1　制度の狭間の福祉ニーズ

　日本における「従来の」ソーシャルワークは、「縦割り」行政によって、柔軟なソーシャルワーク実践が展開できていないと指摘されてきた。そのため、福祉サービスの主な担い手である社会福祉法人などは「サービスの開発」の視点が弱く、財源においても「公頼みの傾向」が強いという特質を有し、福祉ニーズの多様化・複雑化に柔軟に対応できない状況が生じている。そのような既存のシステムで対応できないニーズは、いわゆる「制度の狭間のニーズ」と呼ばれ、現場においては活用できる資源がないことから、「困難事例」として扱われる場合も少なくない。さらには、掘り起こした潜在的ニーズに対し、活用できる資源がないことを理由に埋め戻すような、実践的ジレンマを生じさせている。福祉サービスの開発は、制度の狭間を埋めるソーシャルワークの実践技術であるとともに、社会福祉組織の新たな経営戦略ともいえる。

2　福祉サービスの開発の方法

　福祉サービスの開発は様々な方法が考えられるが、以下ではいくつかのパターンについて事例を交えて紹介する。まず、既存の制度やサービス提供者からは購入することができない福祉サービスを新たに考え出しビジネスとして展開する方法である。例えば、東京都を舞台に病児保育などの事業を手掛けている、「フローレンス」は、子供が熱を出すと保育園に預けることを拒否されてしまうという実態（ニーズ）があるにもかかわらず、制度的な支援がないことに気づき、病児保育という制度外の新たなサービスをビジネスとして展開し、その後、行政からの利用料助成など、制度的支援も広がっている。

　次に、制度に基づくサービスが存在するが、アクセシビリティや利便性、事業性の低さ、インフラの地域格差などにより、サービスが提供できていない状況へ

の対応として、既存のサービスを変容・導入しビジネスとして展開する方法である。例えば、障害児の医療的ケアを支援する NPO 法人「どりーまあーサービス」（徳島県徳島市）では、在宅で生活する重度障害児が抱える医療的ケアのニーズと、地域で看護師資格を持つ元看護師の地域貢献や仕事のやりがいに対するニーズをマッチングさせ、担い手不足で提供できなかった重度障害児の訪問看護事業をビジネスモデルとして展開している。また制度サービスのほかに、利用者の要望に応じて時間外サービスなどの追加メニューを導入したり、既存のサービスと組み合わせることで支援の効果やサービス利用の満足度を高めている。

　一方、福祉サービスの開発は、福祉事業者だけでなく、地域の生活課題を解決するための住民主体の活動として展開することもできる。近年、生活の「ちょっとした困りごと」や制度化しにくい生活課題については、住民主体のサービス開発や仕組みづくりが推奨されている。例えば、介護保険の新しい総合事業では、住民主体の介護予防や生活支援サービスの開発が期待されており、協議体の組織化や運営に関するガイドラインが示され、各地域で様々な取り組みが展開されている。また地域力強化推進事業においても、住民が主体的に地域課題を把握して解決を試みる体制づくりを支援することが求められている。福祉専門職や機関は、住民主体の福祉サービスの開発を支援するコーディネーターや中間支援機関として関わることが求められる。

3　マネジメント型ソーシャルワークから開発的ソーシャルワークへ

　ソーシャルワークにおいて、フォーマル・インフォーマル資源を調整・仲介する機能は課題解決の重要な要素であるが、それだけでは新たな生活課題や制度外のニーズへの対応が難しい場合が多い。そのため、新たなサービスを開発することや起業するなど制度内実践を超えた開発的なアプローチが求められるが、従来のソーシャルワークはそのような視点が弱かったと言わざるを得ない。福祉サービスの開発や起業は、制度の狭間に置かれた個別ニーズの解決に寄与するとともに、持続可能な地域資源の構築にもつながり、従来のソーシャルワークの限界やジレンマを改善するための開発的ソーシャルワークの重要な実践論といえる。

（呉　世雄）

参考文献

宮城孝・菱沼幹男・大橋謙策編 2019『コミュニティソーシャルワークの新たな展開』中央法規

心身の健康増進と不調の予防

⚲ keywords　生物－心理－社会モデル　一次予防　二次予防　三次予防

1　健康とは？

　「健康」について考えるとき、それは生物学的な要因のみで捉えられるものではなく、心理社会的な要因を含め統合的に捉える視点が重視されている。

　これは、生物 - 心理 - 社会モデル（Engel, 1977）として知られるもので、健康の問題は、臓器や細胞といった生物学的な問題にのみ還元できるのではなく、個人の心理的側面や、家族や地域との関係性といった社会的側面が多元的にかかわるものとされているのである。例えば、身体の状態と生活習慣が深くかかわることはわかるだろう。そして、生活習慣は、本人が自分自身の身体や生活に向き合う態度（すなわち心理的要因）によって形成、変化するものであるし、その人がどのような環境で育ち、生活しているかという社会的環境とも密接に関係する。このように、「身体」と「こころ」と「環境や周囲との関係性」は、別々に考えられるものではなく、従って、本テーマの「心身の健康」についても、個人の問題にとどまらず、地域との関係を含めて考える必要があるのだ。

2　様々な予防

　心身の健康に問題が生じた際には、まず「治療」が思い浮かぶ。しかし、地域における人々の健康を考えるときには、問題が生じなければそれでよい、生じてから対処すればよい、ということではなく、健康の増進および不調の予防が重要となる。予防については、従来、一次予防、二次予防、三次予防という捉え方がある。一次予防は、すべての人を対象として行われるものであり、病気や問題の発生を未然に防ぐことを目的としている。例えば、適切な運動や食生活についての指導や、歯みがき指導、感染症予防に手洗いの慣行を促すことなどである。二次予防は、症状を呈してはいないものの問題の兆候がある人やリスクファクターをもつ人を対象に、早期発見・早期治療を目的に行われる予防であり、将来の有病率の低下を目指すものといえる。健康診断などが相当する。三次予防は、症状

から回復した人への機能回復や再発予防を目的とする予防であり、リハビリテーション、復職・就労支援、自助グループなどがある。ここからも、健康を維持・増進し、病気を防ぐことは個人の取り組みだけに還元できないことがわかるだろう。一次予防においては、適切な健康行動・知識を教育する人的資源や場をつくり、活用することが重要であるし、二次予防においてはリスクを早期発見できるシステムをつくる必要があり、三次予防においては身体の機能回復や再発予防を生活の場においてどう実現するかという、地域との関係が重要となる。

3　実践課題——生活に如何に取り入れるか

　以上見てきたように、心身の健康の増進および不調の予防に向け、環境整備は必要不可欠である。一方で、健康の問題を個人のみの問題として捉えられないのと同様に、環境だけを考え個人を無視することもできない。個人と環境のフィット（適合）という視点が重要である。例えば、代表的な心身の健康問題である「抑うつ」の一次予防プログラムへの参加者アンケートを整理・分析した白石智子・越川房子（2010）によると、参加者からは精神的・物理的負担感が報告されている。一次予防プログラムは、発症を予防する目的で行われることから、参加者は現時点で、生活に支障が出るレベルでは「困っていない」人々である。プログラムにより予防効果は示されたものの、その過程において、参加者が困っていない問題を取り上げることや、プログラム実践のために新たに時間をとることなどは、多少なりとも参加者に負担を感じさせるものであろう。予防は、一回の取り組みで終わるものではなく、日々の生活に取り入れ、新たな習慣をつくることでもある。そのためには、効果が実証されている予防法を、対象者の日常生活を含めた社会的背景を踏まえて実施する必要があるだろう。

（白石　智子）

引用文献

Engel, G. L., 1977, The need for a new medical model: a challenge for biomedicine, *Science*, No.196, pp.129-136.

白石智子・越川房子 2010「教育研究活動を通した大学生のメンタルヘルス対策の効果と課題——参加学生によるプログラム評価から見えるもの」『宇都宮大学教育学部教育実践総合センター紀要』No.33, pp.153-160

8-11

依存問題の回復支援における
地域のかかわり

⚲ keywords　　依存問題　当事者活動　回復施設　相互援助グループ　回復

1　「依存問題」とは

　スポーツ選手や芸能人の薬物使用に関する報道等で「依存症」という言葉を見聞きすることは珍しくない。「症」がつくため医学用語である印象を与えるが、「～依存症」というのは総称である。日本における精神疾患の診断に使用されるDSM-5（米国精神医学会 2014）では、アルコールや薬物への過度な依存は「物質使用障害」、いわゆるギャンブルについては「ギャンブリング障害」と診断されている（傍点筆者）。診断基準の改定、日本語訳のくいちがい、策定された法律の定義の違いなどから、「依存症」という言葉は医療、刑事司法、福祉の各領域で概念のすりあわせが行われないまま使用されている。ここでは、医学的診断の有無にかかわらず、生活課題を伴う「のめり込んでやめられない状態」を広く「依存問題」として考えてみたい。

2　のめり込んでやめられない「もの」「こと」からの回復

　のめり込みの対象は、大きく「もの」と「こと」に大別される。「もの」とは、体内に取り込まれることによって精神に作用する物質（精神作用物質）である。各種アルコール、違法薬物、風邪薬や鎮痛剤、シンナーやガソリン、ライターなどのガス、タバコ、カフェインなどが含まれる。「こと」は、主に競輪、競馬、競艇、麻雀、ぱちんこなどの「行為」であるギャンブリングを指す。

　依存問題のやっかいなところは、対象が嗜好品や趣味、生活に必要な薬物を含み、問題であるかないかの線引きが難しいところである。また、これまでの研究で依存問題には、精神疾患、レイプや児童虐待などによるPTSD（心的外傷後ストレス障害）、発達障がい、ジェンダー特性などが関連することがわかっている。依存問題は、これらの背景に対する自己治療や対処行動（コーピング）という側面があり、個人に応じた介入やきめ細かい支援を必要とする。

その回復は、ただ単に「もの」「こと」をやめるという単純なものではない。アメリカ連邦保健省薬物依存精神保健サービス部（以下 SAMHSA）の定義、「個々人が健康とウェルネスを改善し、自律的な生活を送り、自身の最大の可能性に到達するために懸命に努力する変化のプロセス」（SAMSHA 2012、筆者訳）に象徴されるように、地道で長いプロセスなのである。

3　地域における依存問題へのかかわり

その地道で長いプロセスを支えてきたのは、公的支援が乏しいなか、回復の機会と場を求め、依存問題からの回復途上の当事者がスタッフとなって開設した回復施設や相互援助グループである（表1）。

表1　全国で展開されている主な依存問題の回復施設と相互援助グループ

| | 回復施設 | 相互援助グループ | |
		当事者	家族
アルコール	MAC（マック：Maryknoll Alcohol Center）	AA（エーエー：Alcoholics Anonymous）	アラノン（Al-Anon）
		断酒会	
薬　物	DARC（ダルク：Drug Addiction RehabilitationCenter）	NA（エヌエー：Narcotics Anonymous）	ナラノン（Nar-Anon）
ギャンブリング	ワンデーポート	GA（ジーエー：Gamblers Anonymous）	ギャマノン（GAM-ANON）

（筆者作成）

当事者活動に先導されてきた回復支援は、1998 年以降 5 年ごとに策定される薬物乱用防止五か年戦略、2013 年のアルコール健康障害対策基本法、2018 年のギャンブル等依存症対策基本法の策定によって、国の対策の基礎ができたところである。2016 年には厚生労働省内にアルコール、薬物、ギャンブルの 3 チームで構成される「依存症対策推進本部」が発足し、翌 2017 年には「依存症対策総合支援事業実施要綱」が定められ、都道府県および指定都市に向けて、依存症対策総合支援事業の実施を呼びかける文書が発出された。地域での取り組みは、スタートしたばかりである。

（安髙　真弓）

引用・参考文献

SAMSHA 2012 SAMHSA's Working Definition of Recovery（http://store.samhsa.gov/product /SAMHSA-s-Working-Definition-of-Recovery/PEP12-RECDEF）（2020.2.2 閲覧）

PART III

「地域デザイン」を思考する

「地域デザイン」を思考する

進行：石井大一朗（編集委員会委員）

参加者：三田妃路佳（コミュニティデザイン学科）

大嶽陽徳・藤原紀沙（建築都市デザイン学科）

近藤伸也・飯村耕介（社会基盤デザイン学科）

学長（当時）　石田朋靖

1　学長の地域デザインへの思い

keywords：井戸端会議　対象学　イノベーション　地域　文理融合　SDGs 目標 11

石井（進行）："地域デザインを思考する" をテーマに座談会を始めます。学部ができて 4 年が経とうとしています。はじめに、地域デザイン科学部をつくった石田学長に、その意味や背景を聞いてみたいと思います。

石田学長：地域デザイン科学部をなぜつくったか。私は農学部出身で農業土木を専門にしています。そこでの経験が大きい。現実にまちづくり・地域づくりを進めるには一つの専門ではなく、多様な専門をもっている人たちが集まって議論したり、住民の合意形成や公共政策、そして法制度などを幅広く知って実際に使いこなす技術が必要だということを感じていました。これらに共通しているのは、自分の専門以外のことや住民などの立場が異なる人たちと井戸端会議ができるくらいの広い視点と知識、コミュニケーション能力が必要だということです。これがそもそもの原点でした。こうした考えのもとで農学を捉え直してみると、農業の発展のために、生物学や化学、物理学さらには、経営・経済学、あらゆる専門が集まったものだと捉えることができると思います。こうした捉え方に関連して、対象学という、社会の問題群を対象に専門性を組み合わせて調査研究するというアプローチがあるのですが、それを実現できている学問分野は極めて少ない。宇都宮大学のような小さな大学でさえ、各専門が細分化されるだけで総合化や融合の動きはあまり起こらないと感じていました。

　そうしたときに、学長として大学の包括的ミッションを再定義する機会が訪れました。そのときに、"地域に学び、地域に還す" というこれまでの理念を体現する学問が必要だろう、地域系でしっかりやっていかなくてはならないと思った

のです。地域を元気にするには2つの
柱があります。ひとつはイノベーショ
ン。産学連携により経済活動を支える
技術革新を生み出す教育研究を行い、
またそれを担う人材を生み出すという
こと。もう一つは、地域そのものを快
適に住み続けられるようにしていくこ
とに直接かかわることです。前者はど

この大学でも進めておりますが、後者は土木だ、建築だ、コミュニティだという
だけでなく、それをトータルに捉える学問をつくるべきだろうということで、先
行例は極めて少ないですが、地域そのものを総合的に学ぶ「地域デザイン」とい
う学部をつくった。まさにSDGsの目標11にある"住み続けられるまちづくり"
です。将来的にはここに田園デザインや森林デザインのような要素が加わると、
一層魅力が増していくのだと思います。今後は、大学院の専攻や学部学科によら
ない柔軟な教育プログラムをつくることもできるようになっていくと思うので、
期待したいです。

　全国見渡しても、文系学部を基盤とするのではない文理融合型の地域系学部は
ほとんどありません。本学では今年ようやく卒業生が出るわけです。今後教育改
善もされていくと思いますが、地域デザイン科学部で学び社会で活躍する卒業生
の姿をみて評価していくことが重要でしょう。近視眼的に多くを評価し過ぎては
いけないのです。こうしたタイミングで地域デザイン科学部の若い先生方が中心
となり、本の出版やそのプロセスで地域デザインとは何かを考えること自体が、
これからの学部の発展につながると思っています。学部を育てていってほしい。

2　地域デザインの捉え方

keywords：方法論　地域のしくみ　再評価　栃木の個別性と普遍性　市民の見方　縁づくり

石井（進行）：ここからは3学科の先生に、地域デザインとは何か、ご自身の教
育研究の立場から語っていただきます。

三田：対象学という学長の捉え方は親しみを感じます。私の専門の公共政策は、
課題発見解決を志向する学問ですので、それを地域を中心に捉え直すと考えれ

ば、方法論は私にとって違和感はありませんでした。公共政策は文系の学問なので、理系の先生方とどのような接点を見つけようかという課題はありました。しかし私は公共事業を対象とした研究をしているので、例えば土木系の対象を調査することもあり文理融合に関する抵抗はありませんでした。それから、地域の課題を解決しようという発想は共通なのですが、私の専門である政治学の視点から地域デザインを捉えると、多様な人の意見をふまえることや、それらを活かす地域のしくみを構築するという要素を加える必要があると思います。学生には地域を支えるしくみを身近な例から理解できるように教育しています。

石井（進行）：実際の教育面での実践やエピソードがありますか。

三田：3学科の学生が1年次に履修する授業で、地域デザイン学序論があります。この授業では、理系の学生にも親しみがもてるよう、扱うテーマを道路整備にして、その予算配分に関する合意形成としています。市長の悩みや地域住民の不満など、実際に起きていることを伝えます。リアリティのある現実と、学問的な部分の両方を結び付けて教えたいと。それから、予算編成での市長や土木課の捉え方はどのようなものか考えてもらいます。立場の違いを理解し合うことが重要で、文理融合の学部を活かして、学生の早い段階からそうした経験をしてもらうよう意識しています。

石井（進行）：次に、着任してから一番日の浅い藤原先生、いかがでしょうか。

藤原：デザインとはどういうことかという観点から考えてみました。課題発見から解決策を見出すという方法論の話がありました。そのなかで、最適解を見つけ出すという視点だけでなく、例えば、地域にもともとストックされていた知識や経験を再構築する、つまり捉え直す、見つめ直すという観点は地域デザインの重要な要素だと考えています。フィールドにかかわり、地域から色々なことを学べるわけですが、それらを他の地域で起きていることと比較したり、他の地域の経験をこちらで活かしたりすることが重要です。地域相互の経験を活かし合うサイクルをつくり出していきたいです。私は古民家再生など、ストックされていて現在使われていないものを再評価するという研究をしています。栃木県において、これまで十分に評価できていないそうした資源を見つめ直し、新しい刺激を生み出すことができるのではないかと考えています。

石田学長：宇都宮大学の理念にある"地域に学び、地域に還す"と言えるのではないでしょうか。

石井（進行）：次に編集委員会のメンバー
でもある大嶽先生、いかがでしょうか。

大嶽：私は、学部設立と同時に着任しまし
た。私は建築設計、なかでも計画や意匠が
専門です。設計という行為は色んな技術を
統合するものなので、自らの専門性をもち
ながらも様々なことを知っていないといけ
ない。そうした意味では、地域デザインのもつ分野融合という考え方は馴染みや
すいものでした。

　宇都宮大学に来て驚いたのは、地域との距離がとにかく近いことでした。私が
着任して間もない頃にすぐに地域の人が来てくれました。例えば日光のまちづく
りに携わっている方から、一緒にやってくれないかと連絡があるですとか、大正
期や昭和初期の建築家の図面があるから調査しませんかと声をかけてもらうなど
です。こうしたことは東京の大学ではあまりありません。私は、地域デザインと
は、フィールドがもつ具体的な課題に寄り添い、それを私たちが自らの専門性を
通して解決や研究をしていくことだと考えています。一方で、こうしたアプロー
チの難しさもあります。地域の課題や多様なフィールドが頻繁に持ち込まれてき
て、そこから対して個別に対応していくのですが、そこから研究者として普遍的
な見方や方法論を導かないといけないと思っています。限られた時間のなかでそ
こをつなぐ難しさがあります。

石田学長：実学の難しさですね。純粋科学とは違うところ。しかし、個別の事象
から普遍的な要素や方法論を見出すことはとても面白いところです。そこに到達
するには時間と苦労が伴うところだと思います。

石井（進行）：大嶽先生のおっしゃる点は私も同じ経験をしています。ありがた
いことに県や市町と共同研究をすることがあります。地域のなかで住民や行政の
方たちと調査をしたり、ワークショップ、そして計画づくりをします。そして最
後に、報告書を書いて提出します。このときに、地域や行政側は地域で起こって
いることを普遍化したり論文を書くことを求めていません。普遍化する作業につ
いては、地域と向き合う時間とは別に時間をつくり出すしかないですよね。私は
研究室の電気を消して扉に鍵をかけて居留守状態にして論文を書いているときが
あります（笑）。

三田：栃木という地域性と普遍性については私も考えていることがあります。私の住んでいる東京の23区については特別区ということもあり、それぞれについて研究対象として捉えるのは難しいと感じています。しかし地方の栃木の性質やしくみについては、他の都道府県でも活かすことのできる知見があると考えています。

石田学長：対象学として捉える地域は、都市から農村まで非常に豊かなフィールドが広がっている栃木県が中心になるとは思いますが、そこから整理される知識や方法論については他の地域でも活かせるものでなくてはならないし、皆さんはそれを伝えていかなくてはならないと思います。本年度の2019年度から新しくなった大学院地域創生科学研究科は、まさにそうしたことを志向している研究科と考えています。

石井（進行）：今回の出版においてもそうした地域性と普遍性を重視しています。現代の地域を理解する上で必要なテーマと、栃木というローカルに着目することで見えてくる、地域の歴史や環境、しくみ、備え方など、未来を志向する視点を8つのカテゴリーとして整理しています。

　次に、防災や減災をテーマとされている社会基盤の先生方に聞いてみます。

飯村：学部設立から4年弱ですが、地域デザインについて考えたことはありませんでした。というのも、土木はもともと、地域の歴史や環境、そして材料の開発まで幅広く勉強しなくてはならない分野でしたので、すんなり入り込んでいけたと思います。他方、学部の目玉の授業である3年次必修の地域プロジェクト演習の担当を通して新たに学ぶ点がありました。本年度、私が担当している班のテーマが自主防災組織ということもありますが、これまで私の研究は直接地域住民との接点をもってこなかったのですが、演習を通して学生と一緒に地域住民とコミュニケーションを取る機会が増え、そこから学ぶことが多いなと感じています。

　学生が地域に出かけて学べる実際の現場があることはとても大切です。特に私のいる土木分野では、就職先として公務員になる学生が多いので、学生時代のこうした経験から、行政側ではなく市民寄りの見方で現場や課題を捉える視点を得られることはとても貴重です。

石田学長：千年に一度の堤防をつくるのも大事ですが、ソフトウェア、いわゆる住民と一緒に避難をどう実施するかとか、住民の意見を減災対策にどう取り入れ

るかといった話は極めて重要ですね。地域デザインという捉え方をしたときに見えてくる、土木の新しい姿のひとつだと思います。

石井（進行）：私は地域プロジェクト演習の科目をつくるところから担当のひとりをしてきました。この演習は3学科の学生が混成で5人チームをつくり、1年かけて地域の調査、課題設定、解決策の提案、そして場合によっては実践する、そうした演習です。各チームに先生が1人ついて、活動をサポートしていただきます。飯村先生のおっしゃった、学生に現場の視点、市民の視点を感じてもらうという点について、とても重要だと思いました。課題発見や解決は特定の立場や専門性だけではできないですからね。そして担当者としてとても嬉しかったのは、先生ご自身にとっても、地域住民との新しい関係のなかで学ぶ点があったということです。地域プロジェクト演習は、学生にとって学ぶ場ですが、教員にも新たな気づきをもたらすことができると思いますし、地域の方たちにとっても学ぶ機会になればと思っています。

　次に、防災マネジメントがご専門の近藤先生、いかがでしょうか。

近藤：地域デザインは人づくりと縁づくりだと思っています。栃木に甚大な被害をもたらした2019年10月の台風19号の経験からも感じたことです。まずは行政にせよ専門家にせよ、災害救助法をはじめとした法律や制度、そして災害後の被災者支援などにおける技術や専門知識をもち、複雑な課題に対応できる人をしっかり育てていくということがますます重要になっていると考えています。もう一つの縁づくりは、こちらの実際の災害現場での経験から学んだことです。例えば行政職員の数は、1995年の阪神淡路大震災時に比べたら県庁も市役所も減っているでしょう。そうしたなかで、地域を超えて応援し合う、支援し合う、そう

した縁をつくっておく必要があると思います。実際に2011年の紀伊半島の十津川村の豪雨の際に、明治の時代に北海道に移住した人たちの子孫となる方たちが十津川村に応援に行きました。困難や課題に直面する際に応援しあえる縁をつくるのも、地域デザインのひとつの役割なんじゃないかと思います。

keywords：地域と向き合う姿勢　行動的知性　課題解決より主体形成　学生への刺激

石井（進行）：地域デザインの力を養う方法についてお話を伺います。石田学長は、"地域と向き合う姿勢がとても大切"ということをよく言います。これはどういうことを意味しているのでしょうか。

石田学長：2011 年東日本大震災のときに、地域と向き合うことについてよく考えました。大槌町に行ったときでした。土が専門の私にとってとてもショッキングだったことを覚えています。地面にはミミズはいない。虫もいない。空を見上げてもカラスもいない。スズメも当然いない。まったくの死の世界でした。それでふと横に目を向けると、ピンクの筆箱が落ちていた。泥だらけのその筆箱にはAKB の"あっちゃん"のシールが貼ってあって……。まさに生活そのものがそこにあった。一方で、そこは死の世界なわけです。テレビ画面を通してだけではなく、そうした"現場のにおい"を感じてほしい、そんな思いで学生を夜行バスに乗せて、ボランティア活動に送り出しました。このとき私が強く実感していたことがありました。行動的知性、つまり行動できる知性です。いくら知性があっても現場のなかで行動できなければいけないと。行動するから知恵が蓄積され、それをまた現場に還すことができるのです。ですから向き合う姿勢というものは、第一に、学問が先にあるのではなく対象が先にあるということなのでしょう。現場が先にあり、そこにどのように向き合うかが問われています。そのような姿勢が得られれば、専門性を組み合わせたり幅広い議論をすることが可能になります。上で述べたようなことは自分の専門だけで解決は絶対にできませんから。地域住民や行政、そして専門家と現場で井戸端会議をできる力とでもいうのかな。こうした姿勢のことなのだと思います。

石井（進行）：現場で井戸端会議をする力は、地域デザインを進めていく上で重要になりそうです。具体的には、地域プロジェクト演習で学生たちが地域住民や行政の方たちと井戸端会議をすることが必要と捉えることもできそうですね。でもそこは指導できているかといえばできていないですし、教員や学生の意識も弱いと思います。

大嶽：近藤先生の縁という言葉がすごくいい言葉だと思いました。人と人の縁は

もちろんですが、地域資源を捉えるときに、それらの資源にどういう縁やつながりを見出していけるのかというのは、地域デザインの重要なキーワードになるのではないでしょうか。

石井（進行）：私は、縁を"出会い"と捉えたりしています。縁や出会いがなぜ大切か、私なりに解釈するとこうなります。今の地域社会を理解するときに、私たちはどうしても既存のしくみや慣習の延長でしかものを見ないから、それでは新しい発想も解決策も見出すことはできないのです。これを乗り越えようとするときに、あたらしい出会いや縁を意識的につくり出すことが必要だと考えています。地域づくりは課題解決より主体形成、つまり新しいつながりづくりと言い換えていい。私は栃木に来て5年目ですが、自治会・町内会の方たちの地域づくりをお手伝いさせていただくときに、これまでとは異なるメンバーで対話していくことの重要性を伝えるようにしています。

大嶽：建築設計では、大学院の例ですが、院生に井戸端会議からその後の様々な決定事項に関する熱い議論まで全部任せたいと考えています。そのときに重要になるのが井戸端会議をする、よりよい議論の場にするということになりますが、そうした場をどのように確保するかということが肝になります。地域デザインの能力を養うといった際に、こうした場を準備する技術が求められていると考えています。

三田：学部の1年生ですと、自分で現場に出かけたり井戸端会議をしたりするのもなかなか難しい。行けないときには現場で働いている人に現場の声を届けてもらうというのも必要ですね。それにより学生が各自で問題意識を深め、現場に足を運びやすくなるかもしれません。

石井（進行）：とても重要な指摘をいただきました。井戸端会議の場の確保やデザインについてですね。最近こんな声を1年生から聞くようになりました。3年生の先輩がかかわっている地域や現場についていき、一緒に活動する、議論する、振り返りをするのだそうです。井戸端会議は、教員がいない方が気兼ねなく話ができる。そのように考えると、先輩と後輩によってこうした場がつくられているのはとても嬉しい。今後このような経験が引き継がれていき、学年を超えて

学び合う文化が育っていけばいいなと思います。

藤原：地域デザインの力を養う際に、地域プロジェクト演習が重要だという前提に立ったとき、最近日本でも広がっている CBL（Community Based Learning）が参考になると考えています。私は本大学地域デザインセンターのコーディネーターの方たちと一緒に、ポートランド州立大学での実践から勉強しています。そして、地域プロジェクト演習のグループ指導をしていて感じるのは、地域への関心が薄い学生が一定数いるということです。そうした学生をどのように刺激し、サポートしていくかということが、私自身の課題となっています。地域デザインセンターの先生などすでに実践している先生方から学ぶということも、今後の地域デザインの力を学生や教員が高めていく上で必要なことだと感じています。

4　地域デザインの今後

keywords：専門科目と地域　多様性の隙間　個別性に戻らない　社会の創り手

石井（進行）：学長から地域デザイン科学部をつくった背景やコンセプトを直接聞くことができました。そしてそれらのコンセプトは、特に学部の共通科目に反映できていると考えられます。専門科目も含めて地域との向き合い方、つまり現場対応力といった要素をふまえた授業やカリキュラム編成を大事にしていく必要がありそうです。

石田学長：専門についていえば、その専門のなかでこれもやらなきゃあれもやらなきゃとなり、授業の中身も膨らんでいく一方なんです。本当に重要なことは何かを考えてみる必要があるのです。本（2019）年度の東京大学入学式の上野千鶴子さんの祝辞のなかで、地域デザインにつながる話がありました。それは、多様性の隙間のなかにしか新しい物事の発想は生まれないという話でした。私たちが専門に固執した結果、解決できていない課題が残ってしまっているのではないでしょうか。このことを、学者や専門家はよく自覚しなければならないと思うのです。地域デザインは、設立当初のままでいいとは思いません。しかし、それぞれの専門性が、専門性という蛸壺になっていく教育研究の方向には絶対に戻らないでほしい。多様なフィールドと向き合う宇都宮大学、そして決して大きくはなく、教員同士顔の見える関係を築くことのできる私たちの大学だからこそ、専門をもちつつもそれぞれの専門性を活かし合う総合性の視点を大切にしてほしいと

思います。その先駆けたる地域デザイ
ン科学部が個別学の蛸壺に戻ることだ
けは避けてほしいと願っております。
三田：教員が今日のような話をもっと
できるといいなと思います。日本の学
問は学会ベースになることが多いの
で、放っておくと学会を意識した研究
をしてしまいがちです。地域デザイン

を思考することで、研究の幅を広げてバランスをとるようにできたらと思います。
石井（進行）：ここまで、これからの地域デザインを思考する上でのたくさんの
キーワードが出てきました。対象が先にある対象学という学問のあり方、栃木の
特殊性から見出される普遍性、地域デザインにおける地域との向き合い方、縁を
つむぎつつ多様な視点を学ぶ井戸端会議という場の重要性、蛸壺化しないための
総合性への志向などです。ここにいる3学科の8名の教員にとって、今日は貴重
な機会となりました。地域デザインのあり様は今後も変化し続けるはずです。つ
まり私たちの教育研究の結果が地域デザインとなるということなのでしょう。全
国に先駆けて誕生した文理融合型のまちづくり系学部です。先に挙げた要素を大
事にしていくことで、学生や地域にとっては、これまでにない学びあいの環境が
つくられ、そして教員にとっては新たな研究アプローチを得ることができる。そ
んな力のある学部にしていきたいですね。

　石田学長、最後に、学生へのメッセージをいただけますでしょうか。

石田学長：新しい学問分野にチャレンジしてきたみなさんは、これからの社会の
創り手であり、この分野を牽引していくパイオニアです。その自信と誇りをもっ
て学び、歩んでいってほしい。社会に出たときに、地域デザイン科学部で経験し
た分野を超えた学びや、コミュニケーションの難しさなどで苦しんだ経験など、
無駄だと思っていたことにも実は大きな意味があったなということがわかるはず
です。そして社会に出た後には、後輩へのエールも忘れないでほしい。そのエー
ルは後輩を育てるだけでなく、地域社会の力となり、自らのさらなる成長につな
がることにもなるからです。SDGsの目標11そのものである持続可能な社会づ
くりに向けて、その根幹にある、現場から学び、また還すことのできる行動的知
性を磨いていってください。

おわりに

　改めて地域デザインについて考えてみる。地域デザインという言葉は最近になって使われ出したように思う。地域とデザイン、それぞれの言葉の意味からまず見よう。

　地域とは、地表面におけるある場所的関係性にもとづいて他から区別して認識される、一定の広がりをもった空間を指す概念である。そこでは自然現象と人文現象が複雑に絡み合って、独自の様相を呈することが一般的である。地表の様相とは、つまり景観（ランドスケープ）にほかならない。人々が世代を重ね営々と築き、つくりあげられた地表の姿である。都市や農村はそれぞれがひとつの類型的な地域的存在である。

　他方、デザインとは外来語であり、日本語としては意匠、設計などの言葉があてはまるが、どうも意味としては狭くなる気がする。デザインの本質は関係性の構築であるといわれる。これが最も広い定義かもしれないが、これではよくわからない。筆者としては、要請される課題の解決を目的に掲げ、ある価値観のもとで考慮すべき諸要素を統合的に関係づけ、目的の達成を図る行為ととらえたい。

　とすると地域デザインとは何か。ここで地域デザインとは地域をデザインすることとする。先に地域は場所的関係性にもとづくと述べた。つまり、デザインの定義も合わせ考えれば、地域とは過去から現在に至る過程で、すでに人間の手によってさまざまに手が加えられデザインされた空間ということになる。自然環境や構築環境など物理的存在のみならず、社会・経済環境、歴史・文化環境など非物理的な存在もすべて例外ではない。そうしたなかで、将来に向けて、何らか地域をデザインすることは、過去のデザインの成果に手を加えること、リデザインすることに他ならない。

　既に関係づけられている無数の諸要素は、人間の活動を通じて日々変化しているであろう。特に、現在は変化のスピードがきわめて速まっているということがいわれる。ここで変化するとは、人間の活動をとりまく構造化された環境が流動化している、言い換えれば別の構造へ変容しつつあるといえるかもしれない。また、安定しているところもあれば、不安定なところもあると見ることもできるだ

ろう。

　そうした状況において、ある程度の確信や展望をもって地域のもつ関係性に働きかける、デザインしようとするならば、まず、地域を見る目を養うことは基本である。そのために、本書は、地域を見る視点を8つ提示している。それぞれが学術的な専門性を基礎に構成されている。全体として地域を体系的に捉えられるように配置されている。これですべてが分るというものではなく、また、これが正解というものでもない。地域のとらえ方についてのひとつのまとまった試みとして見てほしい。

　さて、飛行機で空から地表を見下ろすことを想像してみよう。山や川、海があり、そうした大地の相貌のうちに森林、田畑があり、道路や鉄道がつながり、都市や農村が展開していることが手にとるように分るであろう。しかし、人間の個々の活動までは見ることはできない。他方、地表に降りて鉄道や自動車で移動すれば、ようやく人間の姿がとらえられる。地表を歩いて観察などすれば、もっと詳細に人間の活動、暮らしにふれることができるだろう。しかし、もはや地形と土地利用、都市の立地など自然と人間とのマクロな関係を感得することは難しくなる。

　このように、片や俯瞰的な視点（鳥の目）、他方に仰瞰的な視点（虫の目）が地域の見方としてある。それぞれに長所や短所があり、全体像をとらえると同時に、細部についても理解するというように、双方の見方ができることが重要であろう。そうした複眼的な能力をある程度まで身につけることが、地域デザインを科学として学ぶ目的であるといえるかもしれない。

　最後に、科学ということに関連してひとことふれよう。科学的な物の見方、科学的な方法についてである。それは研究を通じて養われるものである。4年生で取り組まなければならない卒業研究の意義はまさにそこにある。科学的であろうとするとき、筆者が常に気にとめていることは、客観性、再現性である。

　客観性とは、主観的でないことであり、多くの人の目からみて妥当と判断できることにほかならない。また、再現性とは、科学実験のように、同じ方法で他の人が研究を行った場合に同様の結果が導けるということである。つまり、科学的な研究とは、前提、仮説、方法、分析、参考文献など、研究に関わるあらゆることが公開され、議論が可能であり、成果や結論の根拠が明確に提示されたもので

ある。卒業論文は、こうした科学的な物の見方、考え方を身につけるためにきわめて重要なものである。

　研究とは、本書で示された地域に関する知の広がりのなかからある地点（分野）を定め、そこを掘り下げていくことにほかならない。なぜ掘るのかと言えば、それは大きな意味で人類の未来に貢献できるからである。地層にたとえれば、柔らかく掘りやすい層、固くてなかなか掘り進めない層が重なっている。ある深さまで掘り進むと、未知のものに突き当たったりするかもしれない。例えば化石、宝石のように、価値ある発見をすることもあるだろう。わくわくする行為である。

　掘るには道具が要る。しっかりした道具を準備し、また、随時メンテナンスを行う必要がある。研究や調査の理論や技法を学ぶこと、しかも継続的に学ぶことに相当する。既に作業をする人から情報を集めることも有益である。先人の経験を活かせるからである。研究や調査の文献資料を集め、読み、理解することである。また、ときどき自分の作業をまわりの人に見てもらい意見をもらうことも客観性の上で重要である。掘る方向が間違っていないか、使う道具や参照している情報は適切か、アドバイスをもらうのである。専門分野ごとに組織される学協会とは、そのような議論と研鑽の場にほかならない。

　4年間で社会に巣立つ人も、大学院でさらに研究を深めようとする人も、等しく本書で地域デザイン科学の何であるか、その基本を理解することを切に願う。

　2020年2月

三橋　伸夫

索　引

執筆者紹介

・50音順。＊は編集委員。
・専門分野および主に PART2 の執筆箇所を記す。
・〔　〕内に所属を記す。記載のない場合は宇都宮大学所属。※は刊行当時。

安髙　真弓	社会福祉学、精神保健福祉学（7-2、8-11）※	
飯村　耕介	海岸工学、津波減災（8-2、PART 3）	
池田　裕一	水理学・河川工学（2-4）	
＊石井大一朗	コミュニティ政策、市民参加論（5-6、5-8、PART 3）	
石田　朋靖	農業環境工学、生物環境物理学（PART 3）	
	〔宇都宮大学学長※〕	
糸井川高穂	建築環境・設備、環境心理生理（7-3）	
海野　寿康	地盤、土砂災害（8-3）	
＊大嶽　陽徳	建築意匠、建築設計（1-4、7-11、PART 3）	
大森　宣暁	都市計画、交通計画（5-3）	
大森　玲子	食生活学、食教育（3-1、6-1）	
＊長田　哲平	都市計画、交通計画（4-5、6-3、6-4）	
呉　世雄	地域福祉、福祉経営（8-9）〔立命館大学産業社会学部〕	
川面　充子	人材育成、男女共同参画（7-5）	
Nguyen Minh Hai	構造工学、橋梁工学（8-4）	
葛原　希	農村計画、都市計画（4-3）	
郡　公子	建築環境・建築設備（2-8）	
古賀　誉章	建築計画学、環境心理学（4-4、5-4、7-4、7-10）	
近藤　伸也	防災マネジメント、防災教育（8-6、PART 3）	
阪田　和哉	プロジェクト評価、公共マネジメント（6-2、6-12）	
坂本　文子	多文化共生論、サービス・ラーニング（4-7、7-9）	
佐藤　栄治	都市解析、建築計画（4-1）	
塩田　大成	建築設計、不動産仲介（5-7）	
	〔株式会社　ビルススタジオ・LLP チイキカチ計画〕	
篠﨑　茂雄	民俗学、民具学（3-2）〔栃木県立博物館〕	
白石　智子	臨床心理学、パーソナリティ心理学（7-1、8-10）	
杉山　央	建築材料、建築施工（3-8）	
鈴木　富之	観光地理学，人文地理学（6-5、6-6）	

清木　隆文　岩盤工学、地下空間設計学（3-3）
高橋　俊守　景観生態学、空間情報科学（2-2、2-3）
塚本　純　経済政策論、理論経済学（6-10、6-11）
鶴岡　浩樹　地域医療、多職種連携（5-5）
　　　　　　〔日本社会事業大学大学院福祉マネジメント研究科〕
中川　敦　会話分析、福祉社会学（5-9、7-6）
中島　章典　構造工学、地震工学（3-6）
中島　昌一　木質構造、耐震工学（3-5）
　　　　　　〔国立研究開発法人　建築研究所〕
中島　史郎　木質構造、建築における資源利用（6-8）
中島　宗晧　文化マネジメント・藝道教育（1-8）
中野　達也　建築構造、耐震工学（6-9、8-1）
中村　祐司　地方自治、行政学（6-7、7-7）
野原　康弘　都市計画、地域福祉（5-10）
＊原田　淳　農業経営学、農業組織論（1-6、4-2、8-7）
藤倉　修一　地震防災工学、構造工学（3-7）
藤原　浩巳　コンクリート工学、セメント化学（3-9）
藤本　郷史　建築物の維持管理、解体（2-9、8-5）
藤原　紀紗　建築環境工学、環境建築（1-5、4-8、PART3）
増田　浩志　建築構造、鋼構造（3-5）
丸岡　正和　建設材料、コンクリート工学（3-10）
三田妃路佳　政治過程論、政策過程論（4-9、5-1、PART3）
三橋　伸夫　農村計画、住民参加論（1-1、1-2、5-11）
簑田　理香　地域社会学、地域メディア制作、地域コミュニティ運営（1-7）
安森　亮雄　建築意匠、都市デザイン（1-3、3-4、8-8）
山岡　暁　プロジェクトマネジメント、上水供給システム（5-2）
＊横尾　昇剛　建築環境・都市環境（2-1、2-6、2-7）
若園雄志郎　社会教育、マイノリティ教育（1-9、4-6、7-8）
王　玲玲　建設マネジメント・エネルギー経済マネジメント（2-5）※

地域デザイン科学シリーズ　1

地域デザイン思考

地域と向き合う 82 のテーマ

2020 年 3 月 31 日　初版第 1 刷発行
2023 年 3 月 31 日　初版第 2 刷発行

地域デザイン科学研究会
横尾　昇剛
石井大一朗
編　者　大嶽　陽徳
長田　哲平
原田　　淳

発行者　木村　慎也

定価はカバーに表示　　印刷・製本　モリモト印刷株式会社

発行所　株式会社 北 樹 出 版

〒 153-0061　東京都目黒区中目黒 1-2-6
URL：http://www.hokuju.jp
電話 (03) 3715-1525 (代表)　FAX (03) 5720-1488